한국의 언어와 문화
심화편

장현묵 · 이지은 · 신은옥

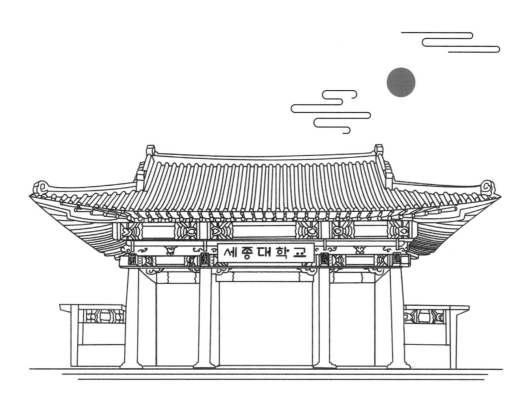

세 종 대 학 교

박영사

한국의 언어와 문화 심화편 발간사 ★━━━━━━━━

　　세종대학교의 외국인 학생을 위한 교양한국어 교재 <한국의 언어와 문화 심화편>을 발간하게 되어 무척 기쁩니다. 한글 창제의 근간이 된 세종대왕의 실용적이고 과학적인 정신을 이어받은 우리 대학은 글로벌 연구중심 대학으로서 세계 각국에서 유학하러 온 많은 인재들을 교육하고 있습니다.

　　최근 한국의 문화적 영향력이 전 세계적으로 확대되면서 한국어와 한국 문화에 대한 관심이 그 어느 때보다 높아진 지금, 우리 대학의 교양한국어 교육은 더욱 중요한 의미를 가지게 되었습니다. 특히 이번 교재는 급변하는 교육 환경과 학습자들의 요구를 반영하여 더욱 체계적으로 집필되었습니다.

　　본 교재는 우수한 교수진들의 풍부한 교육 경험과 연구 성과를 집대성한 결과물입니다. 특히 대학에서 학업을 수행하는 유학생들의 실질적인 필요를 고려하여 기초적인 의사소통 능력부터 학술적 한국어 능력까지를 아우르는 통합적인 교육 내용을 담았습니다. 한국어에 대한 체계적인 설명과 실전적인 연습 활동들은 학습자들의 한국어 습득을 효과적으로 도울 것입니다.

　　이 교재가 세종대학교에서 수학하는 모든 외국인 학생들의 한국어 실력 향상과 성공적인 학업 수행에 든든한 길잡이가 되기를 기대합니다. 아울러 우리 대학의 국제화와 학문적 발전에도 의미 있는 기여를 할 것이라 확신합니다.

대양휴머니티칼리지 학장

김 건

일러두기 ★

    <한국의 언어와 문화 심화편>은 대학의 교양한국어 수업을 위한 교재입니다. 외국인 학생들이 대학에서 학업을 수행하며 접하게 될 상황을 바탕으로 필수적인 문법과 표현을 선별하여 교재를 구성하였습니다. <한국의 언어와 문화 심화편>은 읽기와 쓰기 능력 함양에 초점을 두었으며, 한 학기 주 3시간 15주 과정으로 총 두 학기에 적합한 분량입니다.

    교재는 도입, 학습, 마무리의 세 단계로 구성됩니다. 도입 단계에서는 각 과의 주제와 관련된 질문을 통해 학습자가 학습 내용을 예측하고 효과적인 읽기 전략을 익힐 수 있도록 구성하였습니다. 학습 단계에서는 텍스트를 읽으며 목표 어휘와 문법을 배우고, 다양한 글쓰기 표현을 익힐 수 있도록 구성하였습니다. 마무리 단계에서는 학습한 내용을 활용하여 실전 글쓰기 연습을 할 수 있도록 하였습니다. 추가적으로 어휘 노트를 제공하여 복습이나 과제로 활용할 수 있도록 하였습니다.

단원 구성

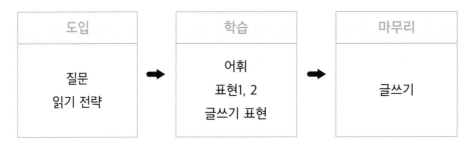

- 질문: 각 단원에서 공부할 내용을 소개하고 학습자의 관심을 유도합니다.
- 읽기 전략: 학습할 읽기 텍스트와 관련된 효과적인 읽기 전략을 익힙니다.
- 어휘: 주제와 관련된 어휘를 학습합니다.
- 표현: 각 문법 표현의 형태 규칙과 예문을 확인합니다.
  연습 문제를 통해 각 문법 표현의 규칙과 의미를 익힙니다.
- 글쓰기 표현: 텍스트 유형별 주요 글쓰기 표현을 학습합니다.
- 글쓰기: 학습한 내용을 활용하여 실전 글쓰기를 연습합니다.

목차

1장

글쓰기의 기술

▷ 대학에서 글쓰기는 얼마나 중요합니까?

▷ 글쓰기를 잘하는 자신만의 방법이 있습니까?

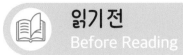

읽기 전
Before Reading

글의 목적 파악하기

    모든 글은 각각의 목적이 있고 그 목적에 따라 읽는 방법도 달라집니다. 따라서 글의 목적을 이해하면 효과적으로 글을 읽을 수 있습니다. 다음은 대표적인 글의 목적과 그에 따른 종류입니다. <u>정보 전달을 위한 글</u>의 목적은 독자에게 정확하고 유용한 정보를 전달하는 것입니다. 이런 글은 독자가 특정 주제에 대해 더 많이 알고 이해할 수 있게 합니다. <u>설득을 위한 글</u>의 목적은 독자를 설득하여 특정한 생각이나 행동을 하게 만드는 것입니다. 이러한 글은 주로 저자의 주장을 뒷받침하는 이유와 근거를 제시합니다. <u>감동과 즐거움을 위한 글</u>의 목적은 독자에게 감동이나 즐거움을 주는 것입니다. 이러한 글은 감정적인 반응을 이끌어 내거나, 문학적 경험을 제공하는 데 초점을 둡니다.

글의 유형	글의 목적	글의 종류
정보 전달을 위한 글	정확하고 유용한 정보를 전달하는 것	뉴스 기사, 설명문, 보고서 등
설득을 위한 글	특정한 생각이나 행동을 하게 만드는 것	논설문, 사설, 논문, 광고 등
감동과 즐거움을 위한 글	감동이나 즐거움을 주는 것	소설, 시, 에세이, 동화 등

1 글의 유형과 종류, 목적을 바르게 연결하세요.

· 소설 ·

· 광고 ·

설득을 위한 글 ·

· 논설문 ·

정보 전달을 위한 글 ·

· 설명문 ·

감동과 즐거움을 위한 글 ·

· 에세이 ·

· 뉴스 기사 ·

· 감동이나 즐거움을 주는 것

· 정확하고 유용한 정보를 전달하는 것

· 특정한 생각이나 행동을 하게 만드는 것

2 다음은 글 소개입니다. 소개를 읽고 <u>글의 유형</u>이 무엇인지 쓰세요.

1) 이 글은 한 소년의 성장 과정을 인상적으로 그려내 깊은 감동을 선사합니다. _____

2) 저자는 환경보호의 중요성을 강조하며 재활용의 필요성을 주장합니다. _____

3) 독자에게 최신 기술 트렌드를 제공하고 기술의 사회적 영향을 설명합니다. _____

3 다음은 글의 제목입니다. 제목에 어울리는 <u>글의 종류</u>를 쓰세요.

1) 정부 새로운 환경 보호 정책 발표, 내년부터 시행 _____

2) 한국 사회의 고령화가 경제에 미치는 영향 분석 연구 _____

3) 내 일상 속 작은 순간들이 만든 큰 행복 _____

4 다음은 읽기 방법입니다. 어떤 글의 유형에 적절한지 쓰세요.

1) 저자의 주장이 무엇인지 파악하고 그 주장이 타당한지, 제시된 이유와 근거가 충분한지 검토하며 읽습니다. 저자의 관점에 동의하는지 또는 반박할 부분이 있는지 생각해 볼 수 있습니다. _____

2) 표현의 아름다움과 글이 전달하는 감정을 충분히 느끼면서 읽습니다. 내용의 재미와 감동을 느끼고 글이 주는 예술적 경험을 즐기는 것이 중요합니다. _____

3) 글에 나타난 사실적인 정보에 주의를 기울이며 읽습니다. 필요한 정보가 무엇인지 생각하고 그 정보가 객관적이고 신뢰할 수 있는지 평가하는 것이 중요합니다. _____

5 다음 페이지에 나오는 글의 제목과 첫 단락을 보고 아래 내용을 쓰세요.

1) 글의 유형 _____

2) 글의 목적 _____

3) 글의 종류 _____

4) 읽기 방법 _____

글쓰기의 기술

글쓰기는 단순히 단어를 나열하는 행위가 아니라 자신의 생각과 감정을 명확하게 전달하는 기술이다. 글쓰기를 잘하기 위해서는 몇 가지의 기본적인 원칙과 방법을 지켜야 한다.

첫째, 명확한 주제를 설정해야 한다. 글의 주제는 독자가 글을 이해하는 데 중요한 역할을 한다. 따라서 주제가 명확하지 않으면 글 전체가 혼란스러워진다.

둘째, 논리적인 구조를 갖추어야 한다. 글은 서론, 본론, 결론의 구조를 갖추어야 하며, 각 부분이 자연스럽게 이어져야 한다. 일반적으로 서론에서는 주제를 소개하고, 본론에서는 주제를 깊이 있게 다루며, 결론에서는 글의 내용을 요약하고 마무리한다.

셋째, 적절한 어휘와 문장을 사용해야 한다. 글을 읽는 독자의 수준에 맞는 어휘와 문장을 선택해야 하며, 문장은 짧고 쉽게 쓰는 것이 좋다. 또한, 글의 흐름을 부드럽게 하기 위해 연결어를 적절히 사용해야 한다. 연결어의 예로는 그러나, 따라서, 그리고, 왜냐하면 등이 있다.

넷째, 꼼꼼히 살펴보고 수정해야 한다. 초고를 작성한 후에는 여러 번 살펴보고 수정하여 오류를 줄여야 한다. 맞춤법, 문법, 표현 등을 꼼꼼히 확인하면 완성도 높은 글을 만들 수 있다.

글쓰기는 꾸준한 연습과 노력이 필요하다. 좋은 글을 쓰기 위해서는 다양한 글을 읽고, 많이 쓰고, 꾸준하게 자신의 글을 살펴보고 수정해야 한다. 이 과정에서 글쓰기 실력이 점점 늘게 된다.

기술	단순히	나열하다	행위	명확하다	전달하다
기본적인	원칙	설정하다	혼란스럽다	논리적	구조
갖추다	다루다	요약하다	마무리하다	적절하다	독자
수준	흐름	연결어	꼼꼼히	살펴보다	수정하다
작성하다	오류	완성도	꾸준하다		

이해하기
Comprehension

1 다음 중 글쓰기를 잘하기 위한 원칙이 <u>아닌 것</u>을 고르세요.

1) 명확한 주제를 설정한다.

2) 논리적인 구조를 갖춘다.

3) 적절한 어휘와 문장을 사용한다.

4) 긴 문장을 사용하여 상세히 설명한다.

2 글의 내용과 같으면 O, 다르면 X 표시를 하세요.

1) 글쓰기는 자신의 생각과 감정을 전달하는 기술이다.   (   )

2) 연결어는 글의 흐름을 부드럽게 하기 위해 사용된다.   (   )

3) 글의 주제가 명확하지 않아도 독자가 쉽게 이해할 수 있다.   (   )

4) 초고를 작성할 때는 문법이나 맞춤법을 신경 쓰지 않아도 된다.   (   )

3 글쓰기의 원칙과 방법을 바르게 연결하세요.

1)	명확한 주제를 설정한다	•	•	문장을 짧고 쉽게 작성한다
2)	논리적인 구조를 갖춘다	•	•	글이 혼란스럽지 않도록 한다
3)	꼼꼼히 살펴보고 수정한다	•	•	맞춤법, 문법, 표현을 확인한다
4)	적절한 어휘와 문장을 사용한다	•	•	서론, 본론, 결론으로 작성한다

4 좋은 글을 쓰기 위한 방법이 무엇인지 쓰세요.

_____

_____

_____

5 적절한 어휘와 문장을 사용하기 위해서 무엇을 고려해야 하는지 쓰세요.

_____

_____

_____

6 글을 잘 쓰기 위한 자신만의 방법이 무엇인지 이야기해 보세요.

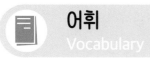

어휘
Vocabulary

1 어휘의 의미를 보고 적절한 단어를 쓰세요.

요약하다	갖추다	나열하다	원칙	전달하다
꾸준하다	혼란스럽다	설정하다	기술	흐름
	적절하다		살펴보다	

1) _____ : 질서가 없어서 어지러운 상태이다.

2) _____ : 필요한 것을 모두 준비하거나 마련하다.

3) _____ : 여러 가지 내용을 하나씩 차례로 늘어놓다.

4) _____ : 긴 글이나 말을 짧게 정리하여 중요한 것만 남기다.

5) _____ : 어떤 일을 중간에 포기하지 않고 계속하는 상태이다.

6) _____ : 어떤 내용이나 물건을 다른 사람에게 전하거나 알리다.

7) _____ : 행동이나 판단의 기준이 되는 기본적인 규칙이나 법칙이다.

2 다음 어휘 중 알맞은 것을 골라 문법에 맞게 문장을 완성하세요.

수준	기본적인	다루다	수정하다	행위
단순히	꼼꼼히	작성하다	오류	완성도
	명확하다		구조	

1) 이 책은 환경 문제를 깊이 있게 (   ) 있습니다.

2) 이 보고서를 (   ) 전에 먼저 자료를 검토해야 합니다.

3) 이 글의 (   ) 본론이 짧고 결론이 길다는 점이 특징입니다.

4) 이 논문은 (   ) 근거를 바탕으로 주장을 전개하고 있습니다.

5) 가: 글에 맞춤법 (   ) 많네요. 다시 (   ) 보세요.

   나: 네, 이번에는 더 (   ) 고치겠습니다.

6) 프로젝트의 (   ) 높이기 위해서는 계획에 맞는 실행이 중요합니다.

3 제시된 어휘를 순서대로 사용하여 글을 완성하세요.

첫째, 1) 명확하다/주제/설정하다   <u>*명확한 주제를 설정해야 한다.*</u>   글의 주제는 독자가 글을 이해하는 데 중요한 역할을 한다. 따라서 주제가 명확하지 않으면 글 전체가 혼란스러워진다.

둘째, 2) 논리적/구조/갖추다 _____

글은 서론, 본론, 결론의 구조를 갖추어야 하며, 각 부분이 자연스럽게 이어져야 한다. 일반적으로 서론에서는 주제를 소개하고, 본론에서는 주제를 깊이 있게 다루며, 결론에서는 글의 내용을 요약하고 마무리한다. (중략)

넷째, 3) 꼼꼼하다/살펴보다/수정하다 _____

초고를 작성한 후에는 여러 번 살펴보고 수정하여 오류를 줄여야 한다. 맞춤법, 문법, 표현 등을 꼼꼼히 확인하면 4) 완성도/높다/글/만들다 _____

글쓰기는 꾸준한 연습과 노력이 필요하다. 좋은 글을 쓰기 위해서는 다양한 글을 읽고, 많이 쓰고, 5) 꾸준하다/자신/글/살펴보다/수정하다 _____

이 과정에서 글쓰기 실력이 점점 늘게 된다.

4 다음 어휘로 문장을 만들어 보세요.

1) 명확하다 _____

2) 논리적 _____

3) 살펴보다 _____

4) 꾸준하다 _____

표현1
Expression 1

V -ㄴ/는다

현재	받침 X	ㄴ다	간다, 본다, 쓴다
	받침 O	는다	먹는다, 읽는다
과거	ㅏ, ㅗ O	았다	갔다, 봤다
	ㅏ, ㅗ X	었다	먹었다, 읽었다, 썼다

▶ 글 전체가 혼란스러워진다.

▶ 글의 주제를 정하기 전에 먼저 글을 읽는다.

▶ 그는 회의 내용을 그대로 작성했다.

▶ 이 영화에 대한 글을 읽었다.

 1 보기와 같이 구어체를 문어체로 바꿔 쓰세요.

> **보기** 명확한 주제를 설정해야 해요. → 명확한 주제를 설정해야 한다.

1) 구어체: 기본적인 원칙과 방법을 지킵니다.

　　문어체: _____

2) 구어체: 글의 내용을 요약하고 마무리해야 합니다.

　　문어체: _____

3) 구어체: 본론에서는 주제를 깊이 있게 다루었어요.

　　문어체: _____

4) 구어체: 좋은 글을 쓰기 위해서 다양한 글을 읽어요.

　　문어체: _____

5) 구어체: 오류를 줄여서 완성도 높은 글을 만들게 됩니다.

문어체: _____

2 틀린 부분을 모두 찾아 표시하고 바르게 고치세요.

글쓰기를 잘하기 위해서는 몇 가지의 기본적인 원칙과 방법을 지켜야 하다. 첫째, 명확한 주제를 설정해야 하다. 글의 주제는 독자가 글을 이해하는 데 중요한 역할을 하다. 따라서 주제가 명확하지 않으면 글 전체가 혼란스러워지다. 둘째, 논리적인 구조를 갖추야 한다. 일반적으로 서론과 본론에서는 주제를 소개하고 깊이 있게 다루다. 그리고 결론에서는 글의 내용을 요약하고 마무리하다. 셋째, 문장을 짧고 쉽게 쓰다. 넷째, 꼼꼼히 살펴보고 수정하다. 좋은 글을 쓰기 위해서는 다양한 글을 읽다. 그리고 많이 쓰다. 꾸준하게 수정해야 하다.

3 글을 잘 쓰기 위한 자신만의 방법을 세 가지 이상 쓰세요.
단, 'V-ㄴ/는다'를 세 번 이상 사용해야 합니다.

_____

_____

_____

_____

_____

표현 2
Expression 2

A-다

현재	받침 O, X	다	없다, 아니다
과거	ㅏ, ㅗ O	았다	많았다, 높았다
	ㅏ, ㅗ X	었다	없었다, 아니었다

▶ 이 글은 오류가 없다.
_____

▶ 이것은 내 글이 아니다.
_____

▶ 긍정적인 응답이 많았다.
_____

▶ 글에 틀린 부분이 없었다.
_____

※ 부정문

동사	지 않는다	쓰지 않는다, 읽지 않는다
	지 못한다	쓰지 못한다, 읽지 못한다
형용사	지 않다	바쁘지 않다, 많지 않다
	지 못하다	훌륭하지 못하다, 높지 못하다

1 보기와 같이 구어체를 문어체로 바꿔 쓰세요.

보기 글쓰기는 단어만 나열하는 것이 아니에요. → 글쓰기는 단어만 나열하는 것이 아니다.

1) 구어체: 글의 주제는 독자가 글을 이해하는 데 중요합니다.

문어체: _____

2) 구어체: 문장은 짧고 쉽게 쓰는 것이 좋습니다.

문어체: _____

3) 구어체: 연결어가 없으면 흐름이 부드럽지 않습니다.

문어체: _____

4) 구어체: 이 글이 담고 있는 의미가 매우 깊어요.

　　문어체: _____

5) 구어체: 문장과 문장의 연결이 매끄럽지 않았습니다.

　　문어체: _____

2 틀린 부분을 모두 찾아 표시하고 바르게 고치세요.

　　글은 목적에 따라 읽는 방식도 다른다. 정보 전달을 위한 글은 글에 나타난 사실적인 정보에 주의를 기울이며 읽어야 하다. 필요한 정보가 무엇인지 생각하고 그 정보가 객관적이고 신뢰할 수 있는지 평가하는 것이 중요한다. 설득을 위한 글은 저자의 주장이 무엇인지 파악해야 하다. 그 주장이 타당한지, 제시된 이유와 근거가 충분한지 검토하며 읽다. 저자의 관점에 동의하는지 생각할 필요가 있는다. 감동과 즐거움을 위한 글은 정보만 확인하는 것으로는 충분하지 않는다. 표현의 아름다움과 감정을 충분히 느껴야 하다. 내용의 재미와 감동을 느끼고 즐기는 것이 필요한다.

3 보기와 같이 문법을 사용하여 빈칸을 완성하세요.

-ㄴ/는다	-다	-지 않는다	-지 못한다	-지 않다	-지 못하다

보기　이 글은 새로운 이론을 (보여주다) _____보여준다._____

1) 그 팀은 매주 수요일에 모임을 (가지다) _____

2) 이 글은 주제를 강조하지만 결론이 (명확하다) _____

3) 글이 너무 어려워서 대부분이 이 글을 끝까지 (읽다) _____

4) 이 문제는 생각보다 복잡해서 꼼꼼한 검토가 (필요하다) _____

5) 이 논문은 중요한 이슈를 다루고 있지만 해결 방안을 (제시하다) _____

글쓰기 표현
Writing Expressions

문어체 표현

문어체는 구어체와 달리 종결어미가 다양하지 않다.

종결어미	구어체	문어체	문어체 예시
평서문	-아/어요, -지요, -ㅂ니다/습니다, -잖아요	-ㄴ/는다, -다	글쓰기의 방법을 설명한다. 책을 꾸준히 읽는다. 글쓰기 연습이 필요하다.
의문문	-아/어요?, -지요?, -ㅂ니까/습니까?	-는가?, -ㄴ/은가?	무엇에 대해 말하는가? 무엇이 필요한가?
명령문	-(으)십시오, -(으)세요	-(으)라	자신만의 글쓰기 방법을 쓰라. 글을 소리내어 읽으라.
청유문	-ㅂ시다/읍시다	-자	해결 방안을 논의하자.

문어체에만 사용하는 조사, 부사, 연결어미 등이 있다.

	구어체	문어체	문어체 예시
조사	와/과, 하고, 랑	와/과	원칙과 원리를 이해해야 한다.
부사	아주, 너무, 되게, 정말	아주, 매우, 몹시	책 읽기는 매우 중요하다.
연결어미	-(으)니까, -기 때문에	-아/어서, -(으)므로	오류가 많으므로 수정이 필요하다.
기타	거, 뭐, 근데	것, 무엇, 그런데	무엇이 가장 중요한가?

1 구어체 표현을 모두 찾아서 표시하고 문어체로 바꿔 보세요.

1) 이 문장은 너무 복잡하니까 짧게 고쳐 보세요.

_____

2) 이 글의 주제랑 목적을 이해하기 어려운 이유가 무엇일까?

_____

3) 이게 의미가 뭔지 이해가 가지 않기 때문에 연결어를 넣고 문장 구조를 바꿔 봅시다.

_____

4) 짧은 문장이 좋아요. 근데 너무 짧으면 중요한 내용이 빠질 수 있으니까 주의해야 됩니다.

_____

2 다음은 학생이 작성한 글의 한 부분입니다. 틀린 부분을 수정하고 설명해 보세요.

1)

한국어로 글쓰는 건 생각보다 어렵다. 글을 쓸 때, 주제를 명확하게
설정하는 게 중요하다고 배웠습니다. 그런데 한국어로 주제를 설명하는 것이
쉽지 않다. 특히 글의 흐름을 자연스럽게 연결하는 게 되게 어려운 부분이다.
그래서 문장을 연결할 때 연결어를 잘 선택하지 못한다.

_____

_____

_____

2)

저는 한국어로 글을 쓸 때마다 문장을 연결하는 것이 고민이다. 서론을 쓸 때
주제를 정확하게 제시하려고 노력하다. 본론에서는 구체적인 예시를 설명하려고 하다.
근데 어휘가 부족하니까 글이 너무 단순해서 독자들이 재미를 느끼지 못하다.
문법과 어휘의 중요성을 다시 느끼다.

_____

_____

_____

3)

서론을 쓰기가 어려운가? 서론에서 독자의 흥미가 중요하다. 본론에서는
구체적인 예시가 중요하다. 또 맞춤법에 신경을 쓰고 문법 오류를 줄이게
노력하세요. 그리고 결론은 글 전체의 흐름을 다시 한번 점검합니다.
글쓰기 실력을 높이기 위해 매일 조금씩 글을 써 봅시다.

_____

_____

_____

글쓰기
Writing

고쳐 쓰기

고쳐 쓰기는 초고의 오류를 수정하고 표현을 다듬어 글의 완성도를 높이는 과정입니다. 고쳐 쓰기를 할 때는 단순히 맞춤법이나 문법 오류를 고치는 것뿐만 아니라 문장의 흐름을 자연스럽게 연결하고, 어휘를 적절하게 사용하여 논리적인 구조를 갖추도록 해야 합니다.

첫째, 주제와 관련 없는 불필요한 내용을 삭제하거나 더 필요한 내용을 추가합니다.

둘째, 서론, 본론, 결론의 흐름이 자연스럽게 연결되도록 수정합니다.

셋째, 복잡한 문장을 단순화하고 표현이 어색한 부분을 수정합니다.

넷째, 적절한 어휘가 사용되었는지 확인하고 정확하고 풍부한 어휘로 수정합니다.

다섯째, 맞춤법, 띄어쓰기, 문법 오류를 수정합니다.

※ 수정 부호

부호	기능	수정 전	수정 후
∨	띄어 쓸 때	글을 쓸때마다	글을 쓸 때마다
⌢	붙여 쓸 때	지난 주에	지난주에
○	부분을 고칠 때	복잡하니까^{하므로}	복잡하므로
∨	추가할 때	글쓸 때	글을 쓸 때
○	삭제할 때	중요한다	중요하다
⌐	줄을 바꿀 때	방법은 다음과 같다. 첫째,	글쓰기 방법은 다음과 같다. 첫째, 주제가 명확해야 한다.
⌒	줄을 연결할 때	어렵지 않다. 그러나 글의 내용	어렵지 않다. 그러나

⌐	글자를 오른쪽으로	첫째, 주제가 명확해야	글쓰기 방법은 다음과 같다. 첫째, 주제가 명확해야 한다.
⌐	글자를 왼쪽으로	첫째, 주제가 명확해야	글쓰기 방법은 다음과 같다. 첫째, 주제가 명확해야 한다.
∿	순서를 바꿀 때	명확해야 한다 주제가	주제가 명확해야 한다.

1 다음과 같이 수정하기 위해 무엇을 수정해야 하는지 수정 부호로 표시해 보세요.

1) 수정 후: 주제와 관련 없는 불필요한 내용을 삭제한다.

　수정 전: 주제와 관련없는 불필요한 내용을 삭제한다.

2) 수정 후: 서론, 본론, 결론의 흐름이 자연스럽게 연결되도록 한다.

　수정 전: 서론, 본론, 결론 흐름이 자연스럽게 연결되도록 하다.

3) 수정 후: 복잡한 문장을 단순화하고 표현이 어색한 부분을 수정한다.

　수정 전: 복잡한 문장을 단순화 하고 표현이 어색하는 부분을 수정한다.

4) 수정 후: 고쳐 쓰기는 몇 가지 방법이 있다.

　　　　　첫째, 주제와 관련 없는 불필요한 내용을 삭제한다.

　수정 전: 고쳐 쓰기는 몇 가지 방법이 있다. 첫째, 주제와 관련 없는 (중략)

5) 수정 후: 고쳐 쓰기는 초고의 오류를 수정하는 과정이다.

　　　　　첫째, 서론, 본론, 결론의 흐름이 자연스럽게 연결되어야 한다.

　수정 전: 고쳐 쓰기는 초고의 오류를 오류를 수정하는 과정이다.

　　　　　첫째, 서론, 본론, 결론의 흐름이 자연스럽게 연결되어야 한다.

2 다음은 '나만의 글쓰기 방법'이라는 주제로 쓴 글입니다.
수정할 부분을 수정 부호를 사용하여 표시하고 옮겨 써 보세요.

나만의 글쓰기 방법

글쓰기는 내 생각을 정리하는 중요한 과정이다. 저는 한국어로 글을 쓰면서 많은 어려움을 겪었지만 꾸준한 연습을 통해서 나만의 글쓰기 방법을 개발하게 되었다. 이 글에서 저의 글쓰기 방법 몇 가지를 소개하려고 합니다. 첫째, 저는 글을 쓰기 전에 매일 머리에서 주제를 제대로 정리한다. 주제가 정확해야 글을 잘 쓸 수 있다. 주제를 정한 후에는 키워드로 중심으로 간단히 메모를 작성한다. 그리고, 저는 문장을 짧고 단순하게 쓰려고 노력합니다. 한국어는 긴 문장을 쓸 때 문법 오류가 많습니다. 짧은 문장이 의미를 전달하는 것이 더 효과적입니다. 셋째, 글을 다 쓰고 꼭 여러 번 읽어보면서 수정할 것이다. 이 과정이 글의 완성도를 높인다. 가끔 주말에 산책을 하면서 좋은 주제를 생각하기도 한다.

이런 과정으로 글을 쓰면서 점차 한국어 글쓰기에 익숙해지고 있다. 물론 아직도 어렵다. 반면에 꾸준히 연습하면서 나만의 글쓰기 방법을 더욱 발전시킬 것이다. 글쓰기 저에게 더 나은 한국어 실력을 기르는 데 큰 도움이 되고 있다. 앞으로도 이 방법을 활용해서 더욱 효과적인 글쓰기를 할 것입니다.

2장

소통의 기술

▷ 영화를 좋아합니까?

▷ 가장 인상 깊었던 영화는 무엇입니까?

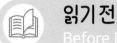

이메일의 구조

이메일은 보통 제목, 인사말, 본문, 맺음말, 서명으로 구성됩니다. 제목은 이메일의 내용을 한 문장으로 간단하게 요약합니다. 수신자가 이메일의 내용을 짐작할 수 있도록 하는 것이 중요합니다. 인사말은 공손한 것이 좋습니다. 발신자와 수신자의 관계에 따라 다르게 작성할 수 있습니다. 본문은 일반적으로 이메일을 쓴 이유, 구체적인 내용 설명, 요약, 답변 요청으로 구성됩니다. 맺음말은 이메일의 끝맺는 인사말입니다. 그리고 이메일의 마지막에는 보내는 사람의 이름과 소속, 연락처 등을 적습니다.

이메일의 구조	내용	예
제목	메일의 내용 요약	회의 시간 문의, 예약 시간 변경 요청
인사말	공손한 인사, 자기소개	안녕하세요, 교수님께
본문	이메일을 쓴 이유, 구체적인 내용 설명, 요약 및 답변 요청	회의 시간을 확인하고자 연락드립니다. 예약 시간 변경을 부탁드립니다. 확인 부탁드립니다.
맺음말	마지막 인사	감사합니다, 좋은 하루 보내십시오
서명	보내는 사람의 정보	김철수 드림, 김철수 올림

1 다음 내용이 이메일의 어느 부분에 해당하는지 연결하세요.

나디아 올림	•	
상담 시간 확인	•	• 제목
행복한 한 주 보내세요	•	• 인사말
환불이 가능한지 확인 부탁드립니다	•	• 본문
안녕하세요, 경영학과 1학년 이스라입니다	•	• 맺음말
		• 서명

2 다음은 상황에 맞는 이메일 제목을 작성해 보세요.

1) 다음 주에 예정된 조별 회의 일정을 조정하고자 합니다.

_____

2) 교수님께 과제를 제출하려고 합니다.

_____

3) 학생생활상담소에 상담이 가능한 시간을 문의하고자 합니다.

_____

3 다음 문장들을 이메일의 기본 구조에 맞게 번호를 배열해 보세요.

1) 김철수 드림

2) 담당자님께

4) 다음 주 월요일 방문 시간을 오후 1시에서 3시로 변경하고 싶습니다.

5) 안녕하세요. 음악학과 1학년 이스라입니다.

6) 방문 시간 변경 문의

7) 가능한지 회신 부탁드립니다.

8) 감사합니다.

_____ → _____ → _____ → _____ → _____ → _____ → _____ → _____

4 다음 이메일을 완성해 보세요.

1)

제목: 발표 PPT 피드백 요청

응우옌 씨, _____ 1조 샤오화예요.

다음 주에 발표할 저희 조 PPT를 만들어서 보내드려요.

한번 보시고 수정할 부분을 이야기해 주시면 좋겠어요.

금요일까지 제출해야 하니까 목요일까지는 피드백을 해 주세요.

그럼, _____

_____

2)

제목: _____

안녕하세요.

한 달 전에 휴대폰케이스를 주문했다가 반품을 했는데요.

아직 환불 처리가 되지 않아서 메일드립니다.

주문번호와 연락처입니다.

※ 주문번호: B19550823 / 연락처: 010-1212-1212

_____

감사합니다.

좋은 하루 보내세요.

중간시험 성적 문의_응우옌 안(240002)

보낸사람 an@sejong.ac.kr
받는사람 kaimuk@sejong.ac.kr

교수님께

교수님, 안녕하세요. 저는 이번 학기에 교수님의 '한국사회의 이해'를 수강하고 있는 응우옌 안(240002)입니다.

다름이 아니라, 이번 중간시험 성적에 대해 문의드리고자 이메일을 보내게 되었습니다. 어제 교수님께서 중간시험 결과를 공지해 주셨는데, 제 성적이 제가 예상했던 점수와 달라서 실례를 무릅쓰고 문의드립니다. 시험에서 제가 작성했던 답안 중에 일부가 채점되지 않은 것 같습니다. 죄송하지만 다시 한번 확인해 주실 수 있는지 궁금합니다.

특히, 3번 문제는 제가 썼던 답이 정확하다고 생각했는데 0점 처리가 되었습니다. 3번 문제의 채점 기준에 대해 다시 한번 설명해 주실 수 있으십니까? 시험은 끝났지만 제가 무엇을 모르는지 알고 싶습니다. 그리고 교수님의 피드백을 통해 기말고사에서 더 나은 결과를 얻고 싶습니다.

바쁘실 텐데 메일을 확인해 주셔서 감사합니다.

응우옌 안 올림.

(제목 없음)

보낸사람 an@sejong.ac.kr
받는사람 kaimuk@sejong.ac.kr

교수님, 이번 중간시험 점수가 잘못된 것 같아요.
성적이 제가 예상했던 점수와 너무 달라요.
아마도 제가 작성했던 답안 중에 일부를 채점하지 않으신 것 같아요.
다시 확인해 주세요.

특히, 3번 문제는 제가 썼던 답이 정확하다고 생각했는데 0점 처리가 되었어요. 3번
문제의 채점 기준이 무엇인지 설명해 주세요. 시험은 끝났지만 저는 제가 무엇을 모르는지
알아야겠어요.

빨리 확인해 주세요.

수강하다	다름이 아니라	문의하다	공지하다	예상하다
실례를 무릅쓰다	특히	처리가 되다	피드백	낮다
올림	제목 없음	아마도	답안	일부
	채점하다		채점 기준	

이해하기
Comprehension

 1 다음 중 이메일을 보낸 목적으로 알맞은 것을 고르세요.

1) 수업 내용을 질문하기 위해

2) 수업 자료를 요청하기 위해

3) 시험 일정을 변경하기 위해

4) 시험 점수를 문의하기 위해

2 이메일에서 요청한 것이 무엇인지 모두 고르세요.

1) 중간시험 재응시

2) 답안의 채점 확인

3) 3번 문제의 채점 기준 설명

4) 다른 학생의 시험 답안 확인

3 글의 내용과 같으면 O, 다르면 X 표시를 하세요.

1) 두 학생은 기말 고사 점수를 문의하고 있다.   (   )

2) 두 학생은 시험 점수가 예상보다 낮다고 생각한다.   (   )

3) 두 학생은 채점되지 않은 답안이 있다고 생각한다.   (   )

4) 두 학생은 점수가 낮은 것이 잘못된 채점 기준 때문이라고 생각한다.   (   )

4 두 학생이 이메일을 시작하는 방식이 어떻게 다른지 쓰세요.

_____

_____

_____

5 두 학생이 이메일을 마무리하는 방식이 어떻게 다른지 쓰세요.

_____

_____

_____

6 이 외에 두 학생의 이메일은 어떤 차이가 있는지 이야기해 보세요.

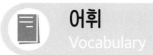

어휘
Vocabulary

1 어휘의 의미를 보고 적절한 단어를 쓰세요.

수강하다	문의하다	공지하다	예상하다	채점하다
낫다	아마도	답안	일부	올림
	특히		피드백	

1) _____ : 강의 듣고 공부하다

2) _____ : 전체 중에서 한 부분

3) _____ : 어떤 일에 대한 의견이나 평가

4) _____ : 어떤 일을 미리 생각하거나 추측하다

5) _____ : 사람들에게 어떤 사실이나 정보를 알리다

6) _____ : 시험이나 과제의 답을 보고 점수를 매기다

7) _____ : 이메일, 편지의 마지막에 자기 이름을 쓸 때 사용하는 겸손한 표현

2 다음 어휘 중 알맞은 것을 골라 문법에 맞게 문장을 완성하세요.

다름이 아니라	채점 기준	공지하다	문의하다	실례를 무릅쓰다
피드백	아마도	채점하다	낫다	처리가 되다

1) 완성도 높은 글을 쓰기 위해서는 다른 사람들에게 (   ) 받고 수정해야 한다.

2) 지금 이 문제를 해결하려면 이전보다 더 (   ) 방법을 찾아야 합니다.

3) (   ), 조별 회의 일정을 잡으려고 연락드렸습니다.

4) 이른 아침이지만 매우 급한 일이라 (   ) 연락을 드립니다.

5) 요청이 정상적으로 접수되었습니다. 요청 사항이 (   ) 대로 연락드리겠습니다.

6) (   ) 명확하지 않으면 평가 결과도 정확할 수 없습니다.

3 빈칸에 알맞은 말을 쓰세요.

어제 교수님께서 중간시험 결과를 공지해 주셨는데, 제 성적이 제가 예상했던 1) 점수
/다르다/실례를 무릅쓰다/문의하다 _____

시험에서 제가 작성했던 답안 중에 2) 일부/채점되다/않다 _____

죄송하지만 다시 한번 확인해 주실 수 있는지 궁금합니다.

특히, 3번 문제는 제가 썼던 답이 정확하다고 생각했는데 0점 처리가 되었습니다.
3번 문제의 채점 기준에 대해 다시 한번 설명해 주실 수 있으십니까? 시험은 끝났지만
제가 무엇을 모르는지 알고 싶습니다. 그리고 교수님의 피드백을 통해 3) 기말고사/더/
낫다/결과/얻다 _____

4) 바쁘다/메일/확인하다/감사하다 _____

4 ▶ 다음 어휘로 문장을 만들어 보세요.

1) 예상하다 _____

2) 처리가 되다 _____

3) 다름이 아니라 _____

4) 실례를 무릅쓰다 _____

표현 1
Expression 1

V/A -았/었던

동사 형용사	ㅏ, ㅗ O	았던	갔던, 작았던
	ㅏ, ㅗ X	었던	먹었던, 예뻤던
	하다	였던	하였던, 공부했던

▶ 우리가 자주 갔던 식당이 이제는 사라지고 없다.

▶ 그 친구의 예뻤던 모습이 아직도 기억난다.

▶ 내가 썼던 답이 정확하다고 생각했다.

▶ 내가 예상했던 점수와 다르다.

 1 보기와 같이 올바른 문법을 고르세요.

 신입생 때 자주 ((가던) / (갔던)) 장소에 오랜만에 다시 방문했다.

1) 수업 내용이 제가 (예상하던 / 예상했던) 것과 다르다.

2) 지난 학기에 (듣던 / 들었던) 강의가 정말 유익했습니다.

3) 우리가 처음 (만나던 / 만났던) 동아리 모임이 기억나요?

4) 한국에 처음 와서 (살던 / 살았던) 집에 많은 추억이 있다.

5) 대학 입학 준비가 생각보다 (어렵던 / 어려웠던) 기억이 있습니다.

6) 예전에 친하게 (지내던 / 지냈던) 친구와 연락을 하지 않은 지 오래되었다.

2 다음 빈칸에 '-던' 또는 '-았/었던'을 사용하여 대화를 완성하세요.

1) 가: 지난 학기에 (듣다) _____ 강의 중에 제일 기억에 남는 게 뭐예요?

　　나: 심리학개론이 가장 인상깊었어요.

2) 가: 교수님, 이번 시험은 지난주에 (복습하다) _____ 부분에서만 나옵니까?

　　나: 맞아요. 특히 제가 자주 (강조하다) _____ 부분을 잘 보세요.

3) 가: 뭘 그렇게 찾아요? 뭐 잃어버렸어요?

　　나: 아까 제가 (마시다) _____ 캔 음료수가 없어졌어요. 좀 남았는데 이상하네요.

　　나: 아, 미안해요. 다 마신 줄 알고 제 거 버리면서 같이 버렸어요.

4) 가: 이번 과제는 '한국 생활 중에 가장 기억에 남는 일'에 대해서 쓰는 것입니다.

　　　일이나 (기쁘다) _____ 일이나 (인상깊다) _____ 일에 대해서 써 보세요.

　　나: (힘들다) _____ 일에 대해서 써도 되나요?

　　가: 네, 그럼요.

3 대학 생활 중에 기억에 남는 일에 대해서 써 보세요.
단, 'V/A-았/었던'을 세 번 이상 사용해야 합니다.

_____

_____

_____

_____

_____

표현 2
Expression 2

V/A-(으)ㄴ/는지

동사	받침 O, X	는지	가는지, 먹는지
형용사	받침 O	은지	작은지, 높은지
	받침 X	ㄴ지	어려운지, 바쁜지

▶ 이 버스가 어디로 가는지 알아요?

▶ 크기가 작은지 큰지 모르겠다.

▶ 문제가 어려운지 확인해 보세요.

▶ 제 설명을 다 이해했는지 궁금하네요.

※ 주로 어떤 정보나 사실에 대해 궁금해 하거나 확인할 때 사용합니다.
   확인, 판단, 추론 등의 표현과 함께 사용합니다.

   * 알다/모르다, 확인하다, 궁금하다, 생각하다, 말하다, 기억하다 등

1 ▶ 보기와 같이 빈칸을 완성하세요.

보기   그 수업에 수강생이 (많다) ___많은지___ 궁금하다.

1) 승혜 씨가 지금 어디에 (있다) _____ 모르겠어요.

2) 이번 프로젝트가 왜 (실패하다) _____ 이유를 알고 싶습니다.

3) 지난 어휘 퀴즈의 평균 점수가 몇 점(이다) _____ 말씀해 주세요.

4) 저 카페가 주말에 몇 시에 문을 (열다) _____ 알아요?

5) 그 사람이 나에게 왜 그런 말을 (하다) _____ 생각하고 있어요.

6) 다음주 월요일 조별 모임에 참석이 (가능하다) _____ 알려 주시겠어요?

2 보기와 같이 빈칸을 완성하세요.

> **보기** 조별 과제 모임은 무슨 요일이 ___가능한지___ 알려 주세요.

1) 교수님, 퀴즈 결과가 언제 _____ 궁금합니다.

2) e-campus 오류는 언제 _____ 확인 부탁드립니다.

3) 도서관 스터디룸을 주말에도 _____ 알고 싶습니다.

4) 장학금을 받으려면 _____ 알려주시면 감사하겠습니다.

5) 제가 여름 인턴십 프로그램에 _____ 확인하고 싶습니다.

3 보기와 같이 상황에 맞는 문장을 만드세요.

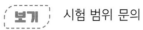 시험 범위 문의

시험 범위가 어디까지인지 궁금합니다.

1) 장학금 신청 상태 확인 요청

_____

2) 공결 신청 가능 문의

_____

3) 동아리 모임 날짜 문의

_____

4) 퀴즈 결과 확인 날짜 문의

_____

글쓰기 표현
Writing Expressions

이메일 표현

※ 이메일에 자주 사용되는 표현

구조		표현
인사말		안녕하세요, 안녕하십니까, ○○○님께, 존경하는 ○○○님께
본문	시작	다름이 아니라, -고자 메일을 드립니다, -(으)려고 연락을 드립니다. -와/과 관련하여 메일을 드립니다.
	요청 및 문의	-을/를 부탁드립니다. -아/어 주시면 감사하겠습니다. -아/어 주실 수 있으신가요? -에 대해 문의를 드립니다.
	답변 요청 및 확인	회신 부탁드립니다. 검토 후 연락 부탁드립니다.
맺음말		감사합니다. 감사합니다. 좋은 하루 되십시오. 좋은 주말 보내시기 바랍니다. 건강 유의하시기를 바랍니다.
서명		○○○ 드림 ○○○ 올림

보기와 같이 목적에 맞는 메일의 시작 부분을 작성하세요.

 수강 여석 증원

다름이 아니라, 수강 여석 증원이 가능한지 여쭙고자 메일을 드립니다.

1) 건강으로 인한 수업 결석 알림

_____

2) 중간시험 성적 이의 신청

_____

3) 취업을 위한 추천서 요청

_____

4) 과제 제출 기한 연장 문의

_____

2 다음 문장을 공손한 표현이 되도록 수정해 보세요.

1) 수업 자료 좀 보내 주세요.

_____

2) 과제 제출 기한을 연장해 주세요.

_____

3) 다음주 금요일 면담 시간을 바꾸고 싶어요.

_____

4) 이번 조별 발표 주제가 뭐예요?

_____

요청하는 이메일 쓰기

요청하는 이메일을 작성할 때는 명확하게 요청 사항을 전달하면서도 예의를 갖추는 것이 중요합니다. 다음은 요청하는 이메일을 효과적으로 작성하는 방법입니다.

첫째, 이메일의 첫 문장에 요청의 목적을 명확히 밝혀야 합니다.

둘째, 요청의 이유와 필요성을 설명해야 합니다.

셋째, 최대한 공손하게 표현하여 상대방이 부담을 느끼지 않도록 해야 합니다.

넷째, 요청을 들어줄 것을 기대하면서 미리 감사를 표현합니다.

조별 피드백 일정 조정 요청

보낸사람 jimin@sejong.ac.kr
받는사람 kaimuk@sejong.ac.kr

안녕하십니까, 교수님.
언어의 이해 수업을 듣는 음악학과 1학년 정지민입니다.

다름이 아니라 다음 달에 예정된 조별 피드백 일정 조정을 요청드리고자 이메일을 드립니다. 안내 받은 피드백 시간은 오후 2시로 알고 있습니다만, 저와 조원들이 그 시간에 다른 수업이 있어서 시간을 오후 4시로 변경해 주실 수 있는지 여쭙고 싶습니다.

일정이 괜찮으신지 말씀 부탁드립니다.

항상 좋은 수업해 주셔서 감사드립니다.
좋은 하루 되십시오.

감사합니다.

정지민 올림.

1 아래의 상황 중에서 하나를 선택하여 요청하는 이메일을 써 보세요.

---

1) 'AI의 이해' 수업의 과제 보고서를 제출해야 하지만 개인적인 사유로 인해 제출 기한을 맞출 수가 없습니다. 교수님께 보고서 제출 기한을 한 주 연장해 줄 것을 요청하세요.

2) 'AI의 이해' 수업을 들으면서 이해되지 않는 부분도 있고, 수업 내용을 더 깊이 이해하고 싶어서 교수님과 1:1 면담을 하고 싶습니다. 교수님께 면담을 요청하세요.

3) 지난주에 'AI의 이해' 수업을 결석했습니다. 그런데 지난주 수업 시간에 중요한 자료가 배부되었습니다. 교수님께 결석한 수업의 자료를 보내달라고 요청하세요.

3장

디지털 소외

▷ 디지털 소외라는 용어를 알고 있습니까?

▷ 여러분은 디지털 기기를 이용하는 데 어려움이 없습니까?
  있다면 언제입니까?

읽기 전
Before Reading

사실과 의견 구분하며 읽기: 신문기사

신문 기사는 사실과 의견이 혼재되어 있는 경우가 많다. 글의 내용을 명확하게 파악하기 위해서는 글 속에서 사실과 의견을 구분하며 읽어야 한다.

※ 신문기사에 자주 사용되는 표현

사실	의견
-에 의하면 -다고 한다 -에 따르면 -다고 한다 -은 결과 - 나타났다	-해야 할 필요가 있다. -에 대해 생각해 보아야 한다. -해야 하지 않을까?

 아래 글을 읽고 사실과 의견을 구분해 보세요.

1)

> 휴대전화 사용 보행자 443명을 대상으로 설문 조사한 결과 10명 중 7명은 휴대전화를 사용하며 걷다가 '아차사고', 즉 차량, 보행자, 장애물과 부딪힐 뻔한 경우가 있었다고 응답했다. 이들은 휴대전화를 보거나 조작하면서 걷는 행동이 가장 위험하다고 인식하면서도 자주 하게 되는 행동이라고 했다. 연구소 박가연 책임연구원은 "보행 중 자신의 안전을 위해 휴대전화 사용을 자제해야 한다."고 말했다. 덧붙여 도로 횡단 때는 일절 사용하지 않는 습관을 들이는 것이 필요하다.

사실	
의견	

2)

출산율이 떨어지면서 심각한 매출액 감소를 겪었던 일본 유아용 일회용 기저귀 생산회사는 새로운 도약기를 맞이했다. 초고령사회가 도래하면서 성인용 기저귀에 대한 수요가 급격하게 늘었고, 이제는 유아용 기저귀 시장 규모보다 성인용 기저귀 시장 규모가 더 커졌다. 우리나라도 유사한 양상이 나타난다. 일본만큼은 아니지만 성인용 기저귀에 대한 수요가 늘면서 광고를 비롯한 적극적인 마케팅 활동을 펼치고 있다. 우리보다 고령화가 먼저 진행된 외국의 사례는 우리에게 많은 시사점을 준다.

사실	
의견	

3)

전기차 운행이 늘면서 화재 사고도 함께 증가한 것으로 나타났다. 소방청은 "전기차 화재가 최근 3년간 매년 약 2배씩 증가했다"며 "올해 상반기에만 벌써 42건(인명피해 6명)의 전기차 화재가 발생했다"고 25일 밝혔다. 전기차 화재는 2020년 11건, 2021년 24건, 2022년 44건이었는데 올해 상반기에만 벌써 42건의 화재가 발생한 것이다. 전기차 화재의 원인과 대처 방안 등을 구체적으로 살펴보고 화재에 대비하는 방법을 마련할 필요가 있다.

사실	
의견	

"우리도 야구 보고 싶어요"... 디지털 소외계층 대책 필요

"예매가 완료됐습니다." 프로야구 경기 관람을 위해 거쳐야 하는 단계인 티켓팅, 하지만 디지털에 익숙하지 않은 디지털 소외계층에게 온라인 티켓팅은 너무나도 큰 장애물이다.

이민석(65, 서울시 동작구) 씨는 1982년부터 LG트윈스만을 응원했다. 그에게 지난해 LG트윈스가 29년 만에 이뤄낸 우승은 너무나도 감동적인 순간이었다. 마음 같아서는 우승의 순간을 잠실야구장에서 함께 즐기고 싶었다. 하지만 디지털에 익숙하지 않은 그에게 치열했던 <u>온라인 예매는 넘을 수 없는 큰 산이었다.</u> 아쉬움을 뒤로한 채 혹시나 하는 마음에 현장 판매 티켓이 있을까 경기 당일 이른 새벽 잠실야구장을 찾았지만 결국 표를 구하지 못한 채 집에서 TV로 우승의 순간을 지켜볼 수밖에 없었다. 이 씨는 "시간이 지나면 괜찮아질 줄 알았는데 여전히 그날이 잊히질 않는다. 차라리 시간이 없었으면 몰라도 표를 구하지 못해서 우승 현장을 야구장에서 함께하지 못한 게 지금도 너무나도 아쉽다"고 당시를 회상했다.

대학생 연합회에 의하면 젊은 세대들도 디지털 소외계층을 위한 대책이 필요하다고 목소리를 높이고 있다. 대학생 김윤재(26, 부산시 남구) 씨는 "우리 같은 젊은 세대들도 어려워하는 것이 티켓팅이다. 이번 야구 결승전에 여러 차례 접속을 시도한 가운데 겨우 한 자리를 구할 수 있었다. 디지털에 익숙하지 않은 분들은 온라인 예매가 당연히 더 힘들 수밖에 없다"라고 말했다. 대학생 박상혁(23, 부산시 동래구) 씨는 "구단과 디지털에 익숙하지 않은 세대가 모두 노력하여 앞으로는 소외되는 사람 없이 모두가 경기장에서 편하게 야구를 관람하는 환경이 만들어져야 한다"라고 밝혔다.

거치다	익숙하다	소외계층	장애물	치열하다
목소리를 높이다	시도하다	관람하다	티켓팅	이루다

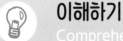

1 위 글에 대한 설명으로 맞는 것을 고르세요.

1) 현대 사회에서 모두에게 공평한 대안을 마련할 수는 없다.

2) 디지털 소외계층은 디지털을 잘 다루지 못하는 사람들을 뜻한다.

3) 대다수의 젊은 세대들은 디지털을 다루는 것을 어려워하지 않는다.

4) 야구 구단에서 책임지고 소외계층에 대한 해결 방안을 제시해야 한다.

2 위 글의 서술 방식으로 맞는 것을 고르세요.

1) 전문가의 말을 인용하고 있다.

2) 현상의 원인을 구체적으로 나열하고 있다.

3) 문제 해결 방안을 구체적으로 제시하고 있다.

4) 현상에 대한 사실적인 정보와 그에 대한 사람들의 의견을 전달하고 있다.

3 밑줄친 부분의 '온라인 예매는 넘을 수 없는 큰 산이었다'가 무슨 의미인지 설명하세요.

_____

_____

_____

4 위 글에서 사실과 의견을 구분하여 아래의 표에 정리하세요.

사실	의견

5 디지털 소외계층을 위한 대책 마련이 필요하다고 생각하는지와 그 이유를 간략히 정리하세요.

어휘
Vocabulary

1 ▷ 어휘의 의미를 보고 적절한 단어를 쓰세요.

거치다	익숙하다	시도하다	치열하다	관람하다

1) _____ : 어떤 과정이나 단계를 겪거나 밟다.

2) _____ : 기세나 세력 따위가 불길같이 맹렬하다.

3) _____ : 어떤 것을 이루어 보려고 계획하거나 행동하다.

4) _____ : 연극, 영화, 운동 경기, 미술품 따위를 구경하다.

5) _____ : 어떤 일을 여러 번 하여 서투르지 않은 상태에 있다.

2 ▷ 다음 어휘 중 알맞은 것을 골라 문법에 맞게 문장을 완성하세요.

시도하다	치열하다	장애물	이루다	소외계층

1) 우리의 앞에는 아직 넘어야 할 ( ) 많이 남아 있다.

2) 문제를 해결하기 위해서 여러 가지 방법을 ( ) 모두 소용 없는 일이었다.

3) 결승전에 진출한 두 나라의 신경전이 매우 ( )

4) 오랜 노력 끝에 드디어 바라던 바를 ( )

5) 그 회사는 ( ) 복지 증진을 위한 기금을 조성하여 마련하였다.

3 다음의 어휘 및 표현을 사용하여 문장을 만들어 보세요.

1) 거치다 _____

2) 관람하다 _____

3) 치열하다 _____

4) 익숙하다 _____

5) 목소리를 높이다 _____

표현 1
Expression 1

N에 의하면

받침 OX	에 의하면	논문에 의하면

▶ 최근 발표된 논문에 의하면 다음과 같다.

▶ 보고서에 의하면 최근 물가가 많이 올랐다고 한다.

▶ 일기예보에 의하면 내일부터 장마가 시작된다고 한다.

 보기와 같이 문장을 완성하세요.

 오늘 (신문 보도에 의하면) 대중교통요금이 50원 오른다고 합니다.

뉴스	일기예보	말씀	전문가

1) 오늘 (   ) 집 값이 이번 달부터 크게 오를 거라고 한다.

2) 교수님 (   ) 이번 중간고사는 서술형 시험이라고 하셨어.

3) (   ) 지난해에 비해 올해 비가 내린 기간이 50일 정도 적다고 한다.

4) 자동차 (   ) 전기차는 다른 차에 비하여 불이 쉽게 꺼지지 않는다고 한다.

2 보기와 같이 문장을 완성하세요.

<u>소문에 의하면</u> 저 두 사람이 결혼을 한다고 한다.

1) _____ 발 없는 말이 천리를 간다고 한다.

2) _____ 비누는 고대 로마의 사포(sapo)라는 산 이름에서 유래되었다고 한다.

3) _____ 봉준호 감독의 '기생충'은 이제껏 볼 수 없었던 한국 영화라고 평했다.

4) _____ 전 세계 과학자 중 여성이 차지하는 비율은 33%에 불과하다고 한다.

표현 2
Expression 2

V/A-(으)ㄴ/는 가운데

동사	받침 OX	는 가운데	오는 가운데
형용사	받침 O	은 가운데	많은 가운데
	받침 X	ㄴ 가운데	바쁜 가운데

▶ 비가 오는 가운데 경기는 계속되었다.

▶ 지켜보는 사람들이 많은 가운데 연설이 시작되었다.

▶ 바쁘신 가운데 참석해 주셔서 고맙습니다.

1 보기와 같이 문장을 완성하세요.

  가족과 친지들이 모두 모이다 / 결혼식이 시작되다

→ 가족과 친지들이 모두 모인 가운데 결혼식이 시작되었다.

1) 비가 쏟아지다 / 공연은 계속되다

→ _____

2) 어려운 생활을 하다 / 그 사람은 우등생으로 졸업하다

→ _____

3) 폭설이 내리다 / 출발하다

→ _____

4) 모두 조용히 강의를 듣다 / 갑자기 비상벨이 울리다

→ _____

2 보기와 같이 문장을 완성하세요.

보기) 환경 문제가 심각해지는 가운데 이상 기후가 계속되고 있다.

1) _____ 제주도는 흐린 날씨를 보일 전망이다.

2) _____ 장례식이 시작되었다.

3) 이유를 몰라서 _____ 앞으로 불려 나갔다.

4) _____ 내가 좋아하는 가수가 등장했다.

5) _____ 이번 학기에도 장학금을 받았다.

글쓰기 표현
Writing Expressions

인용 표현

다른 사람의 말이나 글을 자신의 글에 사용하는 것을 인용이라고 한다. 자신의 주장이나 문제를 해결하기 위한 대안을 근거를 제시할 때 사용할 수 있다.

※ 인용 표현

표현	예문
-에 의하면 -라고 한다	경제 전문가 이재은에 의하면 "TMT의 국제경영 경험은 기업의 국제화에 영향을 미치는 것으로 나타났다."라고 한다.
-에 따르면 -다고 한다	국어 학자에 따르면 자유롭게 '국어'라는 용어를 써도 좋고 조금 더 객관성을 부여하여 한국어라 불러도 좋다고 한다.
-을 -라고 설명한다	자동차 전문가는 배터리 성능이 저하된 전기차를 길 위의 발화물질이라고 설명한다.

▷ 다음 인용 표현을 사용해서 자신의 의견을 덧붙여 쓰세요.

인용 자료	흔히 서양 사람들이 말하듯 하면 한국어라고 불러야 할 것은 우리는 국어라고 부르고 있는 셈이다(이익섭, 2000).
내용	우리는 국어라고 부르는 것보다는 한국어라고 불러야 한다.

⬇

　　이익섭(2000)에 의하면 흔히 서양 사람들이 말하듯 하면 한국어라고 불러야 할 것을 우리가 국어라고 부르고 있는 셈이라고 한다. 그러므로 우리는 국어라고 부르는 것보다는 한국어라고 부르는 것이 좋을 것이라고 생각한다.

1)

인용 자료	참고한 자료의 출처를 제시했으나 자신의 생각이 들어있지 않은 과제는 표절이라고 할 수 없다(정종진 외, 2014).
내용	

⬇

2)

인용 자료	2023년 에너지경제연구원				
	연도	2019	2020	2021	2022
	1인당 전략 소비량(kwh)	10,039	9,826	10,330	10,652
내용					

⬇

3)

인용 자료	교통안전부설문화연구소 (2024) 보행 중 주의 분산사고: 1,723건 사상자 1,791명
내용	

⬇

문제해결 논설문

어떠한 문제를 해결하기 위한 대안을 제시하는 글은 현상을 분명히 파악하고, 문제가 나타나게 된 원인과 결과를 명확히 정리하는 것이 좋다. 어떤 일이 발생하게 된 까닭을 원인이라 하고, 그 원인으로 인하여 발생한 일을 결과라고 한다. 원인과 결과를 제시할 때에는 인과관계가 잘 드러나도록 적절한 표현을 사용해서 써야 한다.

또한 문제해결 논설문을 작성할 때에는 자신이 제시한 해결 방안에 대한 구체적이고도 명확한 근거를 인용을 사용해서 제시해야 한다.

※ 인과 관계 표현

표현	예문
-원인은 -에서 찾을 수 있다	유학생의 증가는 한국 문화에서 찾을 수 있다.
-의 가장 큰 원인은 -으로 볼 수 있다	전기차 차량 화재의 가장 큰 원인은 배터리 문제로 볼 수 있다.
-은 결과 -게 되었다	사람들이 힘을 모아 노력한 결과 큰 문제를 해결하게 되었다.
-은 -기 때문이다	보행 사고의 절반 이상은 보행 중 휴대폰을 보기 때문으로 밝혀졌다.

1 ▷ 디지털 소외계층이 나타나게 된 원인을 조사하여 정리해 보세요.

원인	•
	•
	•

2 ▷ 디지털 소외계층이 겪는 어려움을 찾아서 구체적인 예와 함께 정리하세요.

어려움 1	
예시	
어려움 2	
예시	

3 ▷ 디지털 소외계층의 어려움을 해결할 수 있는 대책을 쓰세요.

대책 1	
대책 2	

4 위에서 제시한 대책의 구체적인 근거를 인용 표현을 사용하여 출처와 함께 정리하세요.

출처	내용

5 문제 해결 논설문을 쓰기 위한 개요를 작성하세요.

서론	
본론	
결론	

4장

여행의 묘미

▷ 여러분에게 여행은 어떤 의미가 있습니까?

▷ 여행을 통해 얻을 수 있는 가장 큰 즐거움은 무엇이라고 생각합니까?

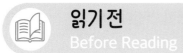

여행 감상문의 구조

여행 감상문은 여행 중 경험한 다양한 일과 감정을 기록하고 여행의 의미를 생각하는 글입니다. 여행 감상문은 보통 서론, 본론, 결론으로 구성됩니다. 서론에서는 여행의 목적과 배경, 떠나게 된 계기를 간단히 소개합니다. 본론에서는 방문한 주요 장소와 경험을 구체적으로 묘사하고 그 과정에서 느낀 감정을 표현합니다. 결론에서는 여행을 통해 느낀 점을 정리하며 여행이 자신에게 어떤 의미를 남겼는지 제시합니다.

여행 감상문의 구조	내용	예
서론	여행의 배경, 목적지 선정 이유	지난 주말, 나는 오랜만에 여행을 떠났다. 여행의 목적지는 경주였다. 친구가 보내준 사진 한 장이 나를 떠나게 만들었다.
본론	주요 여행 장소, 경험, 느낌	가장 먼저 방문한 곳은 첨성대였다. 화려한 꽃밭과 첨성대의 모습이 시간을 초월한 듯한 느낌을 주었다. 이후 황리단길에서 현대와 전통의 조화를 느끼며 즐거운 시간을 보냈다.
결론	느낀 점, 의미	경주 여행은 단순히 보는 것으로 끝나지 않았다. 여행의 묘미란 낯선 곳에서 나를 발견하는 것이 아닐까? 그날의 빛나는 연못과 바람에 흔들리던 꽃향기가 생생히 떠오른다.

1 다음 내용이 여행 감상문의 어느 부분에 해당하는지 연결하세요.

1)

이번 여행으로 자연의 소중함을 다시 한번 느끼
게 되었고, 더 많은 시간을 자연 속에서 보내고
싶다는 생각을 하게 되었다.

서론

일상에서 벗어나 자연을 느끼고 싶다는 생각에
설악산 트레킹을 계획했다.

본론

케이블카를 타고 정상에 올랐을 때, 발 아래로
펼쳐진 산세와 멀리 보이는 동해 바다의 풍경이
장관이었다.

결론

2)

지난달, 나는 한국의 전통을 느낄 수 있는 도시
인 전주로 여행을 다녀왔다.

서론

전주에서 느낀 느림의 미학은 바쁜 일상 속에서
놓치고 있었던 여유와 평화를 되찾게 해 주었다.

본론

전주에 도착하자마자 가장 먼저 한옥마을을 찾
았다. 한옥 마을을 걸으며 조용한 산책을 즐겼다.

결론

2 다음 여행 감상문을 완성해 보세요.

제주도의 낮과 밤

지난 방학에 나는 제주도로 떠났다. _____

_____

_____

첫 번째로 방문한 곳은 성산 일출봉이었다. 아침 일찍 도착해 해가 떠오르는 모습을 보며 자연의 위대함을 느꼈다. 그리고 김영갑 갤러리를 찾아 그의 작품들을 감상하며 제주 자연의 매력을 다시 깨달았다. 점심으로 먹은 고소한 흑돼지 불고기와 올레길 산책은 여행에 또 다른 즐거움을 더해 주었다.

제주도 여행은 내 마음을 위로해 준 시간이었다. 자연 속에서 여유를 찾을 수 있었던 시간이 지친 나에게 위로와 힘을 주었다. 일상으로 돌아온 지금도 성산 일출봉에서 맞이했던 햇살의 따뜻함이 생생하다.

여행의 묘미

지난 주말, 나는 오랜만에 여행을 떠났다. 여행의 목적지는 지붕 없는 박물관이라고 불리는 경주였다. 경주는 늘 가보고 싶었지만 바쁜 일상에 밀려 미루기만 했었다. 그런데, 친구가 보내준 경주의 사진 한 장이 마음을 흔들었다. 사진 속 황금빛 들판과 고즈넉한 유적지의 풍경을 보니 떠나야겠다는 생각이 들었다. 여행을 떠나기로 결심한 이상 더 미룰 수 없었다. 나는 바로 주말 아침에 출발하는 기차표를 예매했고, 설레는 마음으로 기차에 몸을 실었다.

경주역에 도착하자 경주는 나를 환영하듯 맑은 하늘과 선선한 바람으로 가득 차 있었다. 가장 먼저 방문한 곳은 첨성대였다. 동양에서 가장 오래된 천문대라는 안내문을 읽으며, 나는 과거에 이곳에서 별을 관찰했을 학자들의 모습을 상상했다. 첨성대 주위에는 꽃밭이 펼쳐져 있었는데, 그 화려한 꽃들이 시간을 초월한 듯한 풍경을 만들어 냈다. 이곳에서 오래 머물다가는 다른 일정이 밀릴 것 같아 아쉬움을 뒤로 하고 발길을 돌렸다.

다음으로 찾아간 곳은 황리단길이었다. 전통 한옥과 현대적인 상점들이 가득한 황리단길은 마치 과거와 현재가 공존하는 특별한 공간처럼 느껴졌다. 한옥을 개조한 카페와 개성 넘치는 상점들을 둘러보는 재미가 쏠쏠했다. 따뜻한 커피 향이 풍기는 작은 카페에 들러 창가 자리에 앉으니 바깥으로 보이는 풍경이 한 폭의 그림 같았다. 한옥 지붕과 오후의 햇살이 너무나 평화로워서 마치 시간이 멈춘 듯한 기분이 들었다.

해가 질 무렵, 동궁과 월지를 찾았다. 동궁과 월지는 신라 시대에 왕족들이 머물던 궁과 연못이 있는 정원이다. 연못에 비친 궁궐의 모습이 말로 표현하기 어려울 정도로 아름다웠다. 나는 잠시 멍하니 서서 물 위에 비친 궁궐을 바라보았다. 밤이 되자 조명이 켜지며 더욱 환상적인 분위기를 느낄 수 있었다.

　　경주 여행은 단순히 눈으로 보고 끝나는 것이 아니었다. 도시 곳곳에서 느껴지는 역사의 숨결은 나를 끊임없이 과거로 이끌었다. 여행의 묘미란 결국 낯선 곳에서 나를 발견하는 것이 아닐까? 다시 일상으로 돌아온 지금도, 그날의 빛나는 연못과 바람에 흔들리던 꽃 향기가 생생히 떠오른다.

일상	마음을 흔들다	들판	고즈넉하다	몸을 싣다
천문대	펼쳐지다	초월하다	머물다	발길을 돌리다
공존하다	개조하다	쏠쏠하다	풍기다	숨결

이해하기
Comprehension

1 다음 중 경주 여행에 대한 설명으로 적절하지 <u>않은</u> 것을 고르세요.

1) 여행을 떠난 계절은 가을이다.

2) 오랜만에 다시 경주에 방문했다.

3) 여행을 결심하고 바로 기차표를 예매했다.

4) 친구가 보내 준 사진을 보고 여행을 결심했다.

2 다음에서 설명하는 장소를 쓰세요.

1) 주변에 꽃밭이 펼쳐져 있다. _____

2) 동양에서 가장 오래된 천문대이다. _____

3) 전통 한옥을 개조한 카페와 상점들이 있다. _____

4) 신라 시대의 왕족들이 머물렀던 궁과 정원이다. _____

3 글의 내용과 같으면 O, 다르면 X 표시를 하세요.

1) 글쓴이는 친구와 함께 여행했다. ( )

2) 글쓴이는 첨성대에서 야경을 감상했다. ( )

3) 글쓴이는 동궁과 월지에서 과거 학자들의 모습을 상상했다. ( )

4) 글쓴이는 황리단길의 카페에서 커피를 마시며 창밖의 풍경을 즐겼다. ( )

4 경주를 부르는 다른 표현이 무엇인지 쓰세요.

_____

5 글쓴이가 생각하는 여행의 묘미가 무엇인지 쓰세요.

_____

6 여러분이 생각하는 여행의 묘미는 무엇인지 이야기해 보세요.

어휘
Vocabulary

 1 어휘의 의미를 보고 적절한 단어를 쓰세요.

몸을 싣다	마음을 흔들다	머물다	펼쳐지다	초월하다
개조하다	초월하다	고즈넉하다	발길을 돌리다	공존하다

1) _____ : 일정한 장소에 있다.

2) _____ : 기차, 배, 비행기 등을 타다.

3) _____ : 한적하고 평화로운 분위기가 있다.

4) _____ : 다른 세계나 시대의 한계를 넘어서다.

5) _____ : 두 가지 이상의 다른 것이 함께 존재하거나 어울리다.

2 다음 어휘 중 알맞은 것을 골라 문법에 맞게 문장을 완성하세요.

일상	몸을 싣다	마음을 흔들다	펼쳐지다	초월하다
발길을 돌리다	공존하다	개조하다	쏠쏠하다	풍기다

1) 좁은 골목에 숨겨진 맛집을 찾는 재미가 (   )

2) 작가의 솔직한 이야기가 담긴 소설은 독자의 (   )

3) 갑작스러운 비바람때문에 아쉽지만 다시 숙소로 (   )

4) 정원에 가득 핀 꽃들이 향기를 (   ) 봄의 시작을 알렸다.

5) 오래된 공장을 갤러리로 (   ) 많은 관광객이 찾는 명소가 되었다.

6) 넓은 들판에 노란 꽃밭이 끝없이 (   ) 아름다운 장면을 만들었다.

3 빈칸에 알맞은 말을 쓰세요.

경주는 늘 가보고 싶었지만 바쁜 일상에 밀려 미루기만 했었다. 그런데, 1) 친구/

보내주다/경주/사진/한 장/마음을 흔들다 _____

사진 속 황금빛 들판과 고즈넉한 유적지의 풍경을 보니 떠나야겠다는 생각이 들었

다. 여행을 떠나기로 결심한 이상 더 미룰 수 없었다. 2) 나/바로/주말/아침/출발하다/

기차표/예매하다/설레다/마음/기차/몸을 싣다 _____

_____ (중략)

다음으로 찾아간 곳은 황리단길이었다. 전통 한옥과 현대적인 상점들이 가득한 황리단

길은 마치 3) 과거/현재/공존하다/특별하다/공간/느껴지다 _____

_____

4 다음의 어휘 및 표현을 사용하여 문장을 만들어 보세요.

1) 공존하다 _____

2) 개조하다 _____

3) 쏠쏠하다 _____

4) 마음을 흔들다 _____

5) 발길을 돌리다 _____

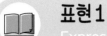

V-는 이상

현재	받침 X, O	는 이상	가는 이상, 먹는 이상
과거	받침 X	ㄴ 이상	간 이상, 본 이상
	받침 O	은 이상	읽은 이상, 먹은 이상

▶ 규칙을 정하는 이상 모두가 따라야 합니다.

▶ 이 책을 읽는 이상 분명히 생각에 변화가 생길 것이다.

▶ 기차가 떠난 이상 다음 기차를 기다릴 수밖에 없습니다.

▶ 내가 이 사실을 안 이상 더는 모르는 척할 수가 없다.

1 보기와 같이 문장을 완성하세요.

보기 여행을 떠나기로 _____결심한 이상_____ 더 미룰 수 없었다.

1) 친구들과 함께 여행을 _____ 최선을 다해 즐기기로 약속했다.

2) 다른 나라에 _____ 그 나라의 문화를 존중해야 한다.

3) 내가 이 팀의 팀장을 _____ 팀을 성공적으로 이끌어야 한다.

4) 조별 과제를 _____ 서로 협력하여 진행해야 합니다.

5) 이번 시험에 _____ 끝까지 최선을 다해야 한다.

6) _____

2 보기와 같이 단어를 사용하여 문장을 만드세요.

 결심하다

유학을 결심한 이상 가족과 떨어져 지내는 어려움도 견뎌야 한다.

1) 약속하다

_____

2) 도전하다

_____

3) 시작하다

_____

4) 계획하다

_____

5) 경험하다

_____

3 여러분은 어떤 목표가 있습니까? 목표와 도전에 대해서 써 보세요.
단, 'V-는 이상'을 세 번 이상 사용해야 합니다.

_____

_____

_____

_____

_____

_____

_____

_____

V-다가는

동사	받침 O, X	다가는	하다가는, 걷다가는

▶ 길에서 한눈팔다가는 사고가 날 수도 있다.

▶ 약속을 지키지 않다가는 신뢰를 잃게 될 수도 있어요.

▶ 이렇게 술을 마시다가는 건강에 문제가 생길 것입니다.

▶ 시험 공부를 안 하다가는 좋은 점수를 받을 수 없을 것이다.

1 보기와 같이 문장을 완성하세요.

보기 ┃ 이곳에만 오래 _____머물다가는_____ 다른 곳을 볼 시간이 없을 거예요.

1) 반복되는 실수를 _____ 사람들에게 신뢰를 잃게 될 것이다.

2) 작은 문제라고 _____ 더 큰 문제로 이어질 수 있어요.

3) 지도를 보지 않고 무작정 _____ 길을 잃게 될 수 있다.

4) 여행할 때 사진만 _____ 소중한 순간을 놓칠 수 있어요.

5) 무엇이든 신중하게 _____ 어려움을 겪을 수 있다.

6) _____

2 보기와 같이 단어를 사용하여 문장을 만드세요.

무리하다

쉬지 않고 너무 무리하다가는 쓰러질 수도 있습니다.

1) 무시하다

_____

2) 포기하다

_____

3) 낭비하다

_____

4) 피하다

_____

5) 하지 않다

_____

3 여행을 할 때 주의해야 할 것에 대해서 써 보세요.
단, 'V-다가는'을 세 번 이상 사용해야 합니다.

_____

_____

_____

_____

_____

_____

_____

_____

한국의 언어와 문화 심화편

글쓰기 표현
Writing Expressions

서사와 묘사 표현

※ 여행 감상문에 자주 사용되는 표현

구조		표현
서사	시작	나는 -을 결심하고 여행을 준비했다. 설레는 마음으로 -에 도착했다.
	장소	첫 번째로 방문한 곳은 -이었다. 이후 -로 발걸음을 옮겼다.
	경험	-을 하며 뜻깊은 시간을 보냈다. 시간이 지나자 -한 풍경이 펼쳐졌다. 밤이 되자 -한 분위기가 더해졌다.
	마무리	그곳을 떠나며 -한 아쉬움이 남았다. 여행의 끝에서 -을 되돌아보게 되었다.
묘사	풍경	-은 -로 가득했다. 주변에는 -이 펼쳐져 있었다. -이 어우러져 마치 한 폭의 그림 같았다. 풍경은 -한 색으로 물들어 있었다.
	분위기	마치 -처럼 느껴졌다. 그 순간, -한 기분이 들었다.

1 다음의 장소와 정보를 바탕으로 여행 감상문의 한 부분을 써 보세요.

구분	정보
서사	• 여행 장소: 부산 • 여행 이유: 부산국제 영화제를 경험하고 싶다. • 방문 장소: 부산 영화의 전당, 해운대 • 경험: 영화 감상, 해운대에서 일몰 감상 • 느낌: 당일치기는 너무 짧다.

_____

_____

_____

_____

_____

_____

2 다음의 사진을 바탕으로 묘사하는 문장을 써 보세요.

구분	풍경과 분위기
묘사	

_____

_____

_____

_____

_____

3 다음의 사진을 바탕으로 묘사하는 문장을 써 보세요.

구분	풍경과 분위기
묘사	

_____

_____

_____

_____

글쓰기
Writing

여행 감상문 쓰기

여행 감상문을 작성할 때는 여행에서 느낀 경험과 감정을 독자에게 생동감 있게 전달할 필요가 있습니다. 다음은 여행 감상문을 효과적으로 작성하는 방법입니다.

첫째, 서론에서 여행을 떠나게 된 계기와 목적을 간단히 소개해야 합니다.
둘째, 본론에서 여행 중 경험한 주요 활동과 방문한 장소를 구체적으로 묘사합니다.
셋째, 결론에서는 여행을 통해 느낀 점을 정리합니다.

---

1 기억에 남는 여행을 선택하고 여행 감상문의 개요를 작성해 보세요.

구조	내용
서론	
본론	
결론	

2 작성한 개요를 바탕으로 여행 감상문을 써 보세요.

_____

_____

_____

_____

_____

_____

_____

_____

_____

_____

_____

_____

_____

_____

_____

_____

_____

5장

영화와 비평

▷ 영화를 좋아합니까?

▷ 가장 인상 깊었던 영화는 무엇입니까?

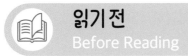

읽기 전
Before Reading

비평문의 구조

비평문은 소설이나 영화 등의 작품에 대해 분석하고 평가하여 의미를 깊이 있게 탐구하는 글입니다. 비평문은 보통 서론, 본론, 결론으로 구성됩니다. 서론은 작품에 대한 간단한 소개를 제시합니다. 본론에서는 작품의 줄거리 요약과 상징적 장면을 설명합니다. 결론에서는 작품의 평가와 메시지, 사회적 영향력 등을 요약하며 마무리합니다.

비평문의 구조	내용	예
서론	작품의 소개 주요 정보 제시	영화 '기생충'은 사회적 불평등을 다룬다. 이 영화는 전 세계적으로 큰 인기를 끌었으며 많은 상을 수상했다.
본론	줄거리 요약 주요 장면 설명 상징적 장면 분석	이 영화는 기택 가족이 박 사장의 집에 침투해 일하면서 겪는 갈등을 통해 빈부 격차를 보여준다. 반지하 집이 침수되는 장면은 사회적 계층 간의 차이를 상징적으로 나타낸다.
결론	작품 평가, 메시지, 사회적 영향력 제시	'기생충'은 단순한 오락 영화가 아닌, 사회적 문제를 바라보게 하는 중요한 작품이다. 관객들에게 빈부 격차가 쉽게 해결되지 않는 현실을 인식하게 한다.

1 다음 내용이 비평문의 어느 부분에 해당하는지 연결하세요.

1)

영화는 화려한 시각적 효과에 그치지 않고 자연과의 조화로운 삶, 가족의 중요성을 다룬 메시지를 전달한다. 이 영화를 단순한 블록버스터를 넘어 현대 사회에 던지는 중요한 교훈을 담고 있다.

영화는 제이크 설리와 그의 가족이 새로운 부족과 함께 적들과 싸우는 과정을 다루고 있다. 특히 화려한 시각 효과를 통해 바닷속 생명체들의 아름다움을 강조한다.

영화 '아바타: 물의 길'은 제임스 카메론 감독의 영화로 '아바타'의 후속작이다. 최첨단 시각 효과로 전 세계적인 인기를 끌었다.

- 서론
- 본론
- 결론

2)

소설 속 주인공 동호는 친구를 잃고 점점 더 깊은 상처를 입게 된다. 주변 인물들 역시 끔찍한 기억 속에서 살아가며, 사회적 폭력과 인간성의 파괴를 생생하게 그린다.

한강의 소설 '소년이 온다'는 1980년 대한민국의 광주 민주화 운동을 배경으로, 당시의 비극적 사건을 목격하고 겪은 사람들의 고통과 트라우마를 다룬 작품이다.

소설은 역사적 사건의 기록뿐만 아니라 개인의 상처와 아픔을 통해 사회적 폭력과 그 이후의 고통을 묘사한 작품으로 많은 독자들에게 강력한 메시지를 던진다.

- 서론
- 본론
- 결론

2 다음 비평문을 완성해 보세요.

자본주의 사회의 생존 경쟁과 인간성의 상실, '오징어 게임'

_____

_____

_____

　　게임의 참가자들은 모두 경제적으로 극심한 어려움에 처한 인물들로, 막대한 상금을 위해 목숨을 건 게임을 선택하게 된다. 각 라운드가 진행될수록 그들의 인간성과 도덕성은 시험받고, 결국 극단적인 선택을 할 수밖에 없는 상황이 된다.

　　오징어 게임은 단순한 서바이벌 스릴러를 넘어서 현대 사회의 빈부격차와 자본주의의 잔혹함을 비판하는 강력한 메시지를 담고 있다. 이 작품은 사회적 불평등에 대한 경고이자 인간성에 대해 깊은 고민을 하게 만든다.

사회적 불평등에 대한 시선, 영화 '기생충'

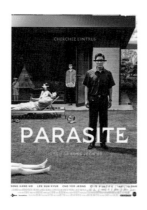 

봉준호 감독의 영화 '기생충'은 2019년에 개봉한 한국 영화로서 사회 계층 간의 갈등을 흥미롭게 그려낸 작품이다. 이 영화는 여러 상을 수상하며 전 세계적으로 큰 인기를 끌었다.

영화는 가난한 기택 가족들이 부유한 박 사장의 집에 한 명씩 침투하면서 시작된다. 기택의 아들 기우가 첫 번째로 박 사장의 집에 과외 교사로 들어가고, 이후 나머지 가족들이 차례로 박 사장의 집에서 일하게 된다. 그러나 이들의 계획은 예기치 못한 사건으로 인해 엉망이 된다. 다소 어둡고 무거운 줄거리에도 불구하고 영화는 유머를 잃지 않고 관객을 사로잡는다.

이 영화는 사회적 불평등과 빈부 격차를 날카롭게 비판하면서 인간의 본성과 생존 본능을 깊이 있게 탐구한다. 봉준호 감독은 이 작품을 통해 우리가 사는 세상의 불편한 진실을 숨기지 않고 보여준다. 특히, 비 오는 날의 반지하 집의 침수 장면은 계층 간의 차이를 상징적으로 보여 준다. 영화의 마지막 부분에서 아들 기우는 박 사장의 집 지하실에 숨은 아버지가 살아있음을 알게 된다. 기우는 아버지 기택을 구하기 위해 돈을 많이 벌어 박 사장의 집을 산다. 그러나 이것은 기우의 상상에 불과하며 실제로 기택이 지하실에서 나오는 장면은 나오지 않는다. 이러한 결말은 사회적 불평등과 빈부 격차가 쉽게 해결되지 않는 현실을 상징적으로 보여준다.

'기생충'은 여러 면에서 탁월한 영화이다. 영화의 연출, 각본, 연기 모두 훌륭하다. 송강호, 이선균, 조여정 등 배우들의 연기는 매우 인상적이다. 그리고 영화가 진행되면서 관객들은 마음 속에 한 가지 질문을 가지게 된다. 과연 누가 진정한 기생충인가?

영화 속 인물들이 겪는 갈등과 고통은 단순히 그들만의 문제가 아니라 우리의 현실과도 깊이 연결되어 있다. 이러한 점에서 '기생충'은 단순한 오락 영화가 아니라 사회적 메시지를 담고 있는 강력한 작품이며 우리 사회의 현실을 되돌아보게 하는 중요한 작품이다.

불평등	시선	기생충	계층	수상하다
인기를 끌다	부유하다	침투하다	과외 교사	예기치 못하다
다소	사로잡다	빈부 격차	날카롭다	본성
반지하	침수	불과하다	결말	탁월하다
	각본	진정하다	되돌아보다	

1 다음 중 영화 '기생충'에 대한 설명으로 적절하지 <u>않은</u> 것을 고르세요.

1) 2019년에 개봉한 한국 영화이다.

2) 사회적 불평등과 빈부 격차를 날카롭게 비판한다.

3) 유머와 감동을 잃지 않으면서도 심각한 주제를 다룬다.

4) 주인공 가족이 성공적으로 부자가 되는 이야기를 그린다.

2 다음 중 영화 마지막 부분에서 등장하는 '기우'의 계획이 무엇인지 고르세요.

1) 박 사장의 집을 떠나는 계획

2) 박 사장의 가족과 친구가 되는 계획

3) 아버지 기택을 경찰에 신고하는 계획

4) 돈을 많이 벌어 박 사장의 집을 사는 계획

3 글의 내용과 같으면 O, 다르면 X 표시를 하세요.

1) 영화의 마지막에 기택은 지하실에서 나오게 된다.   (   )

2) 기우는 박 사장의 집에 운전 기사로 취직하게 된다.   (   )

3) 영화는 사회적 불평등을 해결하는 방법을 제시한다.   (   )

4) 영화는 사회적 메시지를 전하는 동시에 웃음을 잃지 않는다.   (   )

4 기택 가족이 박 사장의 집에 침투한 첫 번째 계기가 무엇인지 쓰세요.

---

5 영화 속 비 오는 날의 반지하 집의 침수 장면이 무엇을 상징하는지 쓰세요.

---

6 다른 사람에게 추천하고 싶은 영화를 소개해 주세요.

1 ▷ 어휘의 의미를 보고 적절한 단어를 쓰세요.

불평등	각본	시선	침수	계층
결말	부유하다	진정하다	사로잡다	불과하다
	수상하다		탁월하다	

1) _____ : 상을 받다

2) _____ : 눈이 가는 방향 또는 주목

3) _____ : 사건이나 이야기의 끝부분

4) _____ : 다른 것보다 뛰어나고 훌륭하다

5) _____ : 사람의 마음이나 주의를 강하게 끌다

6) _____ : 집이나 건물, 도로 등이 물에 잠기는 상황

7) _____ : 연극, 영화, 드라마에서 배우들의 대사나 행동을 기록한 글

2 ▷ 다음 어휘 중 알맞은 것을 골라 문법에 맞게 문장을 완성하세요.

인기를 끌다	진정하다	부유하다	불과하다	뒤돌아보다
예기치 못하다	탁월하다	사로잡다	침투하다	날카롭다

1) 그 뉴스는 단순한 루머에 ( ) 밝혀졌다.

2) 이제는 과거의 일을 ( ) 앞으로 나아갈 것이다.

3) 그 작가는 문장 구성 능력이 ( ) 평가를 받고 있다.

4) 그 영화는 첫 장면부터 관객들의 마음을 완전히 (   )

5) 해커들이 보안 시스템에 (   ) 시도를 지속적으로 하고 있다.

6) (   ) 기회가 찾아와서 나는 준비없이 새로운 도전을 하게 되었다.

3▷ 빈칸에 알맞은 말을 쓰세요.

봉준호 감독의 영화 '기생충'은 2019년에 개봉한 한국 영화로서 사회 계층 간의 갈등을 흥미롭게 그려낸 작품이다. 이 1) 영화/여러/상/수상하다/전 세계적/큰/인기/끌다

_____

영화는 가난한 기택 가족들이 부유한 박 사장의 집에 한 명씩 침투하면서 시작된다. 기택의 아들 기우가 첫 번째로 박사장의 집에 과외 교사로 들어가고, 이후 나머지 가족들이 차례로 박 사장의 집에서 일하게 된다. 그러나 이들의 2) 계획/예기치 못하다/사건/엉망/되다

_____

다소 어둡고 무거운 줄거리에도 불구하고 영화는 유머와 감동을 잃지 않고 관객을 사로잡는다. 기우는 아버지 기택을 구하기 위해 돈을 많이 벌어 박 사장의 집을 산다. 그러나 이것은 3) 기우/상상/불과하다/실제/기택/지하실/나오다/장면/나오지 않다

_____

4▷ 다음 어휘로 문장을 만들어 보세요.

1) 시선 _____

2) 불과하다 _____

3) 되돌아보다 _____

4) 예기치 못하다 _____

N에도 불구하고

명사	받침 O, X	에도 불구하고	비용에도 불구하고, 날씨에도 불구하고

▶ 나쁜 날씨에도 불구하고 많은 사람들이 축제에 참석했다.

▶ 일찍 출발한 덕분에 교통체증에도 불구하고 제시간에 도착할 수 있었다.

▶ 사람들의 반대에도 불구하고 그 사람은 자신의 생각대로 일을 진행했다.

▶ 많은 어려움에도 불구하고 끝까지 포기하지 않았다.

1 보기와 같이 문장을 완성하세요.

보기 그는 피곤함에도 불구하고 체육대회에 참석하여 마지막까지 자리를 지켰다.

1) 영화 속 주인공은 _____ 항상 밝은 미소를 잃지 않는다.

2) 그는 _____ 자신의 꿈을 이루기 위해 해외 유학을 결심했다.

3) 나는 _____ 뛰어난 능력과 열정을 인정받아 최종 면접에 합격했다.

4) 그는 동기들이 _____ 혼자 대학원에 진학했다.

5) _____ 교내 봉사 활동에 적극적으로 참여했다.

6) _____

2 보기와 같이 단어를 사용하여 문장을 만드세요.

시간

그는 늦은 시간에도 불구하고 나를 만나러 집앞까지 왔다.

1) 시선

_____

2) 결말

_____

3) 의견

_____

4) 갈등

_____

5) 상황

_____

3 학교 생활 중 힘든 일을 극복한 경험에 대해서 써 보세요.
단, 'N에도 불구하고'를 세 번 이상 사용해야 합니다.

_____

_____

_____

_____

_____

_____

_____

_____

표현 2
Expression 2

N인가?

명사	받침 O, X	인가	사람인가?, 친구인가?

▶ 이 상황이 현실인가?

▶ 그의 선택이 과연 올바른 결정인가?

▶ 그 소문이 사실인가?

▶ 지금이 기회인가?

1 보기와 같이 알맞은 단어를 골라 문장을 완성하세요.

목적	도전	시선	실수	선택	성공

보기   이 영화는 다음과 같이 묻는다. 무엇이 우리 삶의 ___목적인가?___

1) 나는 소설을 읽고 고민했다. 주인공의 결정은 옳은 _____

2) 그는 부유해졌지만 모든 것을 잃었다. 과연 이것이 진정한 _____

3) 소설 속 인물의 행동은 계산된 반전이었을까 아니면 바보 같은 _____

4) 그가 모든 것을 버리고 떠난 것은 자유를 찾기 위한 _____ 아니면 도망인가?

5) 역사는 사람들이 과거를 바라보는 _____ 아니면 당시의 진실한 기록인가?

2 보기와 같이 단어를 사용하여 문장을 만드세요.

보기 결정
선택을 할 때 항상 고민한다. 이 선택이 옳은 결정인가? 잘못된 결정인가?

1) 꿈

_____

2) 운명

_____

3) 진실

_____

4) 믿음

_____

5) 해결책

_____

3 기억에 남는 영화나 소설 속 주인공의 선택에 대해서 써 보세요.
단, 'N인가?'를 세 번 이상 사용해야 합니다.

글쓰기 표현
Writing Expressions

비평문 표현

※ 비평문에 자주 사용되는 표현

구조	표현
서론	이 작품은 -에 개봉한/발표된 영화/소설로, -을 흥미롭게 그려낸다. 이 작품은 -을 중심으로 전개된다. 이 작품은 -을 통해 -을 탐구한다.
본론	주인공은 -으로 -을 보여준다. 이 장면은 -을 상징적으로 드러낸다. 작가/감독은 이 장면을 통해 -을 전달한다.
결론	이 작품은 -을 통해 현대 사회에 중요한 통찰을 제공한다. 주제는 단순한 -이 아닌 -을 다루고 있다. 이 작품은 많은 사람들에게 -을 제공하며 깊은 인상을 남긴다.

1 다음의 내용을 바탕으로 비평문의 서론을 써 보세요.

구조	내용
서론	• 종류: 영화 • 제목: 레미제라블 • 개봉: 2012년 • 감독: 톰 후퍼 • 주요 인물: 장발장, 자베르, 코제트 • 주요 정보: 여러 시상식에서 다양한 수상

_____

_____

_____

_____

_____

_____

2 다음의 내용을 바탕으로 비평문의 본론을 써 보세요.

구조	내용
본론	• 줄거리: 19세기 프랑스가 배경이다. 장발장과 장발장을 잡으려는 자베르, 혁명을 꿈꾸는 젊은이들의 이야기를 그린 뮤지컬 영화로 빅토르 위고의 소설을 바탕으로 한다. • 주요 장면: 장발장이 가짜 장발장이 체포되었다는 사실을 알고 자신의 정체를 밝히기로 결심하는 장면

_____

_____

_____

_____

_____

3 다음의 내용을 바탕으로 비평문의 본론을 써 보세요.

구조	내용
결론	의미: 개인의 삶에서 구원과 용서의 중요성 강조 사회적 불평등과 빈곤에 대한 비판

_____

_____

_____

_____

_____

_____

비평문 쓰기

비평문을 작성할 때는 작품에 대한 자신의 분석을 명확하게 전달할 필요가 있습니다.
다음은 비평문을 효과적으로 작성하는 방법입니다.

첫째, 서론에서 작품의 정보를 명확히 제시해야 합니다.

둘째, 본론에서 작품의 줄거리를 제시하고 주요 장면이나 인물의 행동을 통해 의미를 해석해야 합니다.

셋째, 결론에서는 작품이 현대 사회 또는 개인에게 어떤 의미를 주는지 설명합니다.

---

1 > 원하는 작품을 골라 비평문의 개요를 작성해 보세요.

구조	내용
서론	
본론	
결론	

2 작성한 개요를 바탕으로 비평문을 써 보세요.

_____

_____

_____

_____

_____

_____

_____

_____

_____

_____

_____

_____

_____

_____

_____

_____

_____

언어와 의미

▷ 언어는 무엇이라고 생각합니까?

▷ 언어는 인간의 삶에서 어떤 역할을 한다고 생각합니까?

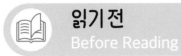

읽기 전
Before Reading

설명문의 개념 및 내용

설명문은 필자가 어떤 대상이나 정보를 독자에게 객관적으로 전달하여 독자를 이해시키는 것을 목적으로 합니다. 설명문에 속하는 글의 유형으로는 뉴스 기사, 보고서, 소개글, 제품 설명서 등이 있습니다. 설명문은 내용을 기준으로 크게 서론, 본론, 결론으로 이루어집니다. 보통 서론은 한두 단락, 본론은 세 단락 이상, 결론은 한두 단락으로 구성합니다. 각 부분의 주요 내용은 아래의 표와 같습니다.

구성	주요 내용	주로 사용하는 표현
서론	설명할 대상의 소개 또는 설명의 목적	정의, 예시 등
본론	설명할 대상을 자세히 소개	정의, 예시, 구분, 분류, 비교, 대조 등
결론	본론의 내용 정리	요약 등

1 빈칸에 알맞은 말을 쓰세요.

설명문이란 어떤 대상이나 정보에 대해 읽는 사람이 잘 ＿＿＿＿＿＿＿ 수 있도록 쓴 글을 말하며, 글을 읽는 사람에게 사실, 정보, 지식 등을 ＿＿＿＿＿＿＿ 것을 목적으로 한다.

2 다음 중 설명문의 유형이 <u>아닌</u> 것을 고르세요.

1) 고향에 대한 소개글　　2) 신문 기사　　3) 에세이　　4) 휴대폰 사용 설명서

3 다음은 글의 일부 내용입니다. 서론, 본론, 결론 중 어느 부분에 적절한지 쓰세요.

1) 한국인에게 왜 한국이 자랑스러운지 물어본다면 여러 가지 이야기가 나올 것이다. (중략) 그런데 한국인은 왜 한글을 자랑스러워할까? 그 이유에 대해 알아보자. ＿＿＿＿＿＿＿

2) 이처럼 한글은 별 의미 없이 만들어진 문자가 아니라...(중략) 이러한 점 때문에 한국인은 한글을 세계에서 손꼽히는 우수한 문자로 생각하며 자부심을 갖는 것으로 볼 수 있다. ＿＿＿＿＿＿＿

3) 한국인이 한글을 자랑스러워하는 첫 번째 이유는 한글이 백성을 위해 만들어진 문자이기 때문이며 배우기 쉬운 문자이기 때문이다. (중략) ＿＿＿＿＿＿＿

언어와 의미

　'우리'란 나 자신을 포함하여 나와 관련 있는 무리를 일컫는 말이다. 따라서 내가 속한 모든 집단은 '우리'가 될 수 있으며, 내집단 구성원 모두가 '우리' 관계를 형성할 수 있는 대상이 될 수 있다. 이러한 관계는 한국문화뿐만 아니라 보편적으로 모든 문화에 존재하며, 한국어의 '우리'에 해당하는 단어 또한 대부분의 언어에서 나타난다.

　그러나 '우리'라는 말은 'we'라는 말이 영어에서, 'wir'가 독일어에서, '오레타치'나 '와레와레'가 일본어에서 의미하는 것과 달리 더 한국적인 의미, 한국적인 행위 양식들과 관련되어 있다. '우리'가 문화의 산물이기 때문이다.

　한국문화에서의 '우리'의 의미는 '우리'라는 말의 일상적인 대화에서 잘 드러난다. '우리끼리'라는 표현은 서로 간의 친밀하고 독특한 관계를 암시하는 것으로 상호 친밀감을 높이거나 배타적 공유의식을 확인시키는 뜻으로 사용된다.

　또한 "우리 사이에 네 것 내 것이 어디 있어"라든가, "우리 사이에 그렇게 따지면 섭섭하지"라는 표현은 우리란 분리될 수 없는 하나이며, 우리에서 분리되는 것은 '우리' 관계를 위협하는 요소임을 드러낸다. 그리하여 상호관계에 대한 기대가 실제와 다를 때 사람들은 "우리 사이에 어떻게 그럴 수가..."라는 표현으로 기대가 깨어진 것에 대한 애석함, 섭섭함, 배신감 등의 감정을 표출한다.

　이처럼 '우리'는 개인 간 혹은 개인과 집단 간의 관계뿐 아니라 그 관계를 통해서 기대할 수 있는 감정적, 행동적 특성까지도 함축하고 있다. 우리는 '우리'가 강조되는 집단 상황에서 개인의 특성의 합으로는 설명할 수 없는 '우리' 자체의 독특한 특성을 나타낸다.

무리	일컫다	내집단	구성원	형성하다	보편적	자체
존재하다	양식	산물	암시하다	상호관계	친밀감	독특하다
배타적	공유	의식	위협하다	요소	기대	합
실제	깨어지다	애석하다	배신감	표출하다	함축하다	

이해하기
Comprehension

 1 위 글의 주제로 가장 알맞은 것을 고르세요.

1) 한국인의 '우리' 문화의 특징

2) 한국인의 '우리' 문화의 유래

3) 한국어 '우리'의 일상적 사용법

4) 나라마다 다른 '우리'의 개념

2 글의 내용과 같으면 O 다르면 X 표시를 하세요.

1) 한국의 '우리'와 같은 관계는 다른 문화에도 존재한다.

2) '우리끼리'라는 말은 어떤 것에 대한 공유의식을 확인하는 말이다.

3) '우리사이에'라는 말은 우리는 분리될 수 없음을 나타낸다.

4) 한국의 '우리'가 강조되는 집단에서는 독특한 특성이 나타난다.

 3 '우리 사이에' 기대가 깨어졌을 때 나타나는 한국인의 감정 표현을 찾아서 쓰세요.

_____

 4 한국어 '우리'에 함축된 의미를 쓰세요.

_____

 5 여러분 나라 언어의 '우리'는 한국의 '우리'와 어떻게 다른지 이야기해 보세요.

한국의 언어와 문화 심화편

어휘
Vocabulary

 1 어휘의 의미를 보고 적절한 단어를 쓰세요.

형성하다	구성원	일컫다	암시하다	내집단
배타적	위협하다	의식	양식	보편적
	깨어지다		친밀감	

1) _____ : 어떤 조직이나 단체를 이루고 있는 사람

2) _____ : 가치관과 행동 양식이 비슷하여 구성원이 일체감을 느끼는 집단

3) _____ : 가리켜 말하다.

4) _____ : 오랜 시간이 지나면서 자연히 정하여진 방식

5) _____ : 일이 잘 안 되거나 약속이 지켜지지 않다.

6) _____ : 드러나지 않게 알리다.

7) _____ : 다른 사람을 따돌리거나 거부하여 밀어 내는 것

8) _____ : 지내는 사이가 매우 친하고 가까운 느낌

2 다음 어휘 중 알맞은 것을 골라 문법에 맞게 문장을 완성하세요.

무리	존재하다	실제	자체	공유	위협하다
요소	기대	암시하다	애석하다	표출하다	함축하다

1) 수업이 끝나자 학생들이 (   )를 지어 집에 가고 있습니다.

2) 감정 표현은 모든 문화에 (   ). 하지만 문화마다 다르게 표현됩니다.

3) 환경 파괴는 생물들의 생존을 (   ) 심각한 문제입니다.

4) 조별 과제에서 조원들의 협력은 과제 성공의 중요한 (   ) 입니다.

5) 가: 인턴십에 합격했어요?

   나: 아니요, 솔직히 이번에는 될 것으로 생각했는데, (   ) 깨어졌어요.

6) 이 단락이 이 글의 주제를 (   ) 부분입니다.

3 제시된 어휘를 순서대로 사용하여 글을 완성하세요.

'우리'란 나 자신을 포함하여 나와 관련 있는 1) 무리/일컫다/말이다 _____

_____(중략). 한국어의 '우리'에 해당하는 단어 또한 대부분의 언어에서 나타난다.

그러나 '우리'라는 말은 'we'라는 말이 영어에서, 'wir'가 독일어에서, '오레타치'나 '와레와레'가 일본어에서 의미하는 것과 달리 더 한국적인 의미, 2) 한국적/행위 양식들/관련되다 _____

'우리끼리'라는 표현은 서로 간의 3) 친밀하다/독특하다/관계/암시하다 _____

_____ 는 것으로 상호 친밀감을 높이거나 배타적 공유의식을 확인시키는 뜻으로 사용된다.

또한 "우리 사이에 네 것 내 것이 어디 있어"라든가, "우리 사이에 그렇게 따지면 섭섭하지"라는 표현은 우리란 분리될 수 없는 하나이며, 우리에서 분리되는 것은 '우리' 관계를 4) 위협하다/요소/드러내다 _____.

그리하여 상호관계에 대한 기대가 다를 때 사람들은 "우리 사이에 어떻게 그럴 수가.." 라는 표현으로 5) 기대/깨어지다 _____

것에 대한 애석함, 섭섭함, 배신감 등의 감정을 표출한다.

4 다음 어휘로 문장을 만들어 보세요.

1) 일컫다 _____

2) 보편적 _____

3) 표출하다 _____

4) 암시하다 _____

표현 1
Expression 1

N(이)란

받침 X	란	친구란, 진리란
받침 O	이란	말이란, 학문이란

▶ 학문이란 진리를 탐구하는 것이다.

▶ 핸드폰이란 개인이 가지고 다니면서 통화할 수 있는 작은 전화기를 말한다.

▶ 진리란 시간이 지나도 변하지 않는 보편적인 사실을 뜻한다.

▶ 언어란 사람들 사이의 의사소통을 가능하게 하는 소리, 단어, 문법의 체계이다.

1 알맞은 것을 연결하고 'N(이)란'을 사용해서 써 보세요.

1) 한글 ·   · 한국어를 기록하는 문자

2) 온난화 ·   · 일이나 관광을 목적으로 다른 지역이나 외국에 가는 것

3) 여행 ·   · 지구의 기온이 장기적으로 상승하는 현상

4) 의사소통 ·   · 어떤 대상의 특성이나 사실, 정보 등을 전달하는 글

5) 설명문 ·   · 가지고 있는 생각이나 뜻이 서로 통하는 것

1) _____

2) _____

3) _____

4) _____

5) _____

2 다음을 읽고 '읽기'와 '글쓰기'를 정의해 보세요.

다른 사람들이 세상에 대해 체험하고 생각한 것을 배우는 일이 읽기라고 한다면, 자기 스스로 세상에 대해 체험하고 사유한 것을 글로 표현하는 일은 글쓰기라고 할 수 있다.

1) 읽기 _____

2) 글쓰기 _____

3 다음의 의미를 표현을 사용해서 써 보세요.

1) 가족 _____

2) 행복 _____

3) 취미 _____

4) 스트레스 _____

5) 성공한 삶 _____

표현 2
Expression 2

N와/과 달리

받침 X	와 달리	어제와 달리, 우리나라와 달리
받침 O	과 달리	예상과 달리, 동생과 달리

▶ 어제와 달리 오늘은 맑고 따뜻하다.

▶ 오늘은 보통 때와 달리 학교가 조용하다.

▶ 이번 시험은 예상과 달리 그다지 어렵지 않았다.

▶ 버스는 지하철과 달리 길이 막히면 시간이 오래 걸린다.

 1   보기와 같이 두 대상의 차이점을 비교해서 쓰세요.

 종이책: 종이로 만들어져 있다.

전자책: 컴퓨터가 필요하다.

→ 전자책은 <u>종이로 만든 책과 달리 컴퓨터가 필요하다.</u>

1) 야구 경기: 제한 시간이 없다.

축구 경기: 제한 시간이 있다.

→ 야구 경기는 _____

2) 한국의 인사법: 한 차례 고개를 숙인다.

일본의 인사법: 여러 차례 고개를 숙인다.

→ 일본의 인사법은 _____

3) 지구: 태양의 주위를 돌고 있는 행성이다.

　 달: 지구의 주위를 돌고 있는 행성이다.

→ 달은 _____

4) 유럽: 악수를 할 때 상대방의 눈을 피하는 것은 무시하는 행위로 본다.

　 한국: 악수를 할 때 상대방의 눈을 정면으로 보는 것은 예의에 어긋난다고 본다.

→ 유럽은 _____

2　아래 두 문장을 하나의 문장으로 연결하세요.

　　'누구'와 '아무'는 서로 아주 다른 말이다. 말하는 사람의 마음속에 들어 있는 뜻에서 '누구'와 '아무'는 서로 아주 다르기 때문이다.

　　1) '누구'는 말하는 사람의 마음속에 이미 한 사람을 뽑아 놓고 쓰는 말이다.

　　2) '아무'는 말하는 사람의 마음속에 여러 사람을 뭉뚱그려 놓은 채로 쓰는 말이다.

_____

_____

_____

_____

3 두 대상을 선택하고 비교하는 문장을 쓰세요.

국내여행 / 해외여행	비대면수업 / 대면수업	도시 / 시골	영화 / 드라마

_____

_____

_____

_____

_____

_____

글쓰기 표현
Writing Expressions

정의

정의는 대상의 의미를 분명하게 밝히는 것을 말합니다. 대상을 정의할 때는 주로 그 대상의 특징을 설명합니다. 대상을 A, 대상의 특징을 B라고 한다면 'A는 B이다'로 표현할 수 있습니다. 정의에 주로 사용되는 표현은 아래와 같습니다.

표현	예시
A는 B이다	제주도는 한국의 남쪽에 있는 섬이다.
A란 B이다	진정한 친구란 옆에만 있어도 마음이 든든한 존재이다.
B를 A라고 한다	어떤 분야를 체계적으로 배워서 익히는 것을 학문이라고 한다.

비교와 대조

비교와 대조는 둘 이상의 대상이나 개념이 가진 공통점과 차이점을 중심으로 설명하는 방법입니다. 비교는 대상이 가진 공통점을, 대조는 대상이 가진 차이점을 중심으로 설명합니다. 효과적인 비교와 대조를 위해서는 대상의 특성을 잘 파악할 필요가 있습니다. 비교와 대조에 주로 사용되는 표현은 아래와 같습니다.

표현	예시
A와/과 달리	어제와 달리 오늘은 학교가 조용하다.
A은/는 ~처럼	토니 씨는 한국 사람처럼 한국말을 잘합니다.
A은/는 ~는 반면에	도시는 복잡한 반면에 시골은 조용하다.

A은/는 ~다는 점에서 B와/과 차이가 있다	호랑이는 단독 생활을 한다는 점에서 무리 생활을 하는 사자와 차이가 있다.
A은/는 ~다는 점에서 B와/과 공통점이 있다	듣기는 음성 언어를 매개로 한다는 점에서 말하기와 공통점이 있다.

1 각기 다른 정의 표현을 사용하여 아래 문장을 완성해 보세요.

대상	특징
한류	한국과 관련된 것들이 다른 나라에서 인기를 얻는 현상
인공 지능	사람처럼 생각하고 문제를 해결하는 컴퓨터 프로그램
관용어	그 사회에서 오랜 시간 동안 한 단어처럼 굳어져서 사용되어 온 말

- _____

- _____

- _____

2 아래의 두 가지 대상을 서로 비교와 대조하는 문장으로 써 보세요.

속담	관용어
표현 형식이 고정되어 있다.	표현 형식이 고정되어 있다.
비유성, 풍자성, 교훈성이 강하다.	비유성, 풍자성, 교훈성이 약하거나 거의 없다.
그 자체로 완전한 문장을 이룬다.	다른 문장 성분이 첨가되어야 완전한 문장이 된다.
어느 정도 운율을 지닌다.	운율을 지니지 않는다.

• _____

• _____

• _____

3 다음은 설명문에 많이 사용되는 방법들입니다. 관계있는 것을 쓰세요.

정의	비교	대조

1) 관용어는 두 개 이상의 단어로 이루어져 있으면서 그 단어들의 의미만으로는 전체의 의미를 알 수 없는, 특수한 의미를 나타내는 말의 단위이다. '발이 넓다'는 '사교적이어서 아는 사람이 많다'를 뜻하는 것 등이다. _____

2) '우리'로 표현되는 감정 공간의 특징은 무엇보다도 이 공간 안에서 사람들은 상대방에게 깊은 감정을 가지고 대한다는 것이다. 이 공간 밖의 사람들과 달리 공간 안의 사람에게는 애정의 감정이 강하다. _____

3) 음식에도 잘 어울리는 음식이 있다. 김치와 고구마를 같이 먹으면 소금의 흡수를 줄이는 효과가 있다고 한다. 김치와 고구마 조합처럼 시금치와 레몬 조합도 서로 잘 어울리는 음식이다. 시금치는 비타민 C와 함께 먹으면 더 흡수가 잘 된다고 한다. _____

글쓰기
Writing

아래의 내용을 포함하여 언어문화에 대한 주제로 설명문을 쓰세요.

첫째, 여러분 나라의 언어에서 문화적 요소가 나타난 단어를 선택하세요.

둘째, 그 단어의 개념, 사용 양상, 의미 등을 쓰세요.

셋째, 정의 표현, 비교, 대조 표현을 사용하세요.

_____

_____

_____

_____

_____

_____

_____

_____

_____

_____

_____

7장

기업의 사회적 책임

▷ 기업이 사회에서 어떤 역할을 하는지 생각해 본 적 있습니까?

▷ 기업이 우리 사회에서 책임져야 할 부분이 무엇이라고 생각합니까?

읽기 전
Before Reading

주장과 근거 판단하기

　논증문을 읽을 때는 먼저 글쓴이의 주장과 근거를 파악한 후, 그 주장이 타당한지 살펴보아야 합니다. 주장이 객관적이고 논리적인 근거 자료에 기반하는지, 그리고 제시된 근거의 출처와 신뢰도가 확실한지 확인하는 것이 중요합니다. 또한 주장과 근거 사이에 논리적 오류나 반론의 여지가 없는지 면밀히 검토해야 합니다.

※ 논증문에 자주 사용되는 표현

주장	근거
-아/어야 하다 -는 것이 당연하다/필요하다 -를 통해 -을/를 알 수 있다 -할 필요가 있다	왜냐하면 -기 때문이다 -라는 점에서 위의 예에서 알 수 있듯이 다음의 조사/연구 결과에 따르면

아래 글의 주장과 근거를 구분하고 주장에 대한 근거가 타당한지 판단하세요.

1)

     초소형 카메라는 의료용 및 산업용으로 만들어져 각 현장에서 유용하게 사용되고 있다. 그러나 원래의 목적에 맞지 않게 타인의 신체를 몰래 촬영하는 용도로 악용되는 사례가 늘고 있다. 이러한 악용을 원천적으로 방지하기 위해서는 신상 정보를 등록해야 만 카메라의 판매 및 유통이 가능하도록 법적 규제를 강화할 필요가 있다.

<한국어 능력 시험(60회)> 읽기 중

주장	
근거	
근거의 타당함	

2)

     온도계에 사용되는 수은은 인체에 유해한 금속으로 신장이나 신경 계통에 손상을 줄 수 있다. 다량의 수은을 삼키거나 증기로 바뀐 수은을 흡입하면 중독될 수 있으므로 수은을 다루거나 폐기할 때는 조심해서 다뤄야 한다. 그러므로 부서진 온도계에서 나온 수은을 무심코 만지거나 쓰레기통에 그대로 버리지 말고 위험 물질로 분류하여 폐기해야 한다.

<한국어 능력 시험(24회)> 읽기 중

주장	
근거	
근거의 타당함	

3)

　　북극에서 일어나는 변화는 먼 곳에서 일어나는 일이라 우리와는 별개의 문제라고 생각할 수 있다. 그러나 북극 해빙은 우리나라에서 겨울철 한파와 여름철 폭염이라는 상반된 극한 날씨 현상이 발생하는 데 영향을 줄 수 있다. 이는 더 이상 북극만의 문제가 아니라는 의미이다. 우리는 북극의 해빙이 줄어드는 것보다 지금 내린 눈이 길에 쌓여 있는 것을 더 걱정한다. 전자는 지구의 재앙이고 후자는 생활의 불편이다. 길에 쌓여 있는 눈을 당장 치워야 하는 것처럼 불확실성이 있다 해도 신호를 보내는 지구의 문제를 결코 간과해서는 안 된다. 만약 이를 우리와 상관없는 문제라 여긴다면 우리는 서식지를 잃게 될 것이다.

조천호 <한겨레신문 칼럼> 중

주장	
근거	
근거의 타당함	

기업의 사회적 책임

기업의 사회적 책임은 기업이 사회 공동의 이익 창출을 위해 자발적으로 움직여야 한다는 개념이다. 기업은 사회의 일원으로 지역 사회 공헌에 대한 책임을 다해야 한다. 하지만 막상 사회적 책임을 적극적으로 실천하는 기업은 드물다.

기업의 사회적 책임이라는 말은 1960년대 미국에서 나왔다. 기업이 사회 구성원으로서 지역사회, 이해관계자들과 공생할 수 있는 방향으로 의사 결정을 내려야 한다는 말이다. 세계대전 이후 기업이 급속도로 성장하는 과정에서 노동 착취, 폐유 방출 등 지역사회 문제를 일으킨 나머지 기업에 대한 비난이 커졌고 기업들이 이 문제를 해결해야 한다는 목소리가 나왔다. 처음에는 기업이 자신들이 벌어들인 수익의 일정 수준을 지역사회에 환원하는 자선사업을 벌였다. 이후 기업에도 개인처럼 윤리성이 있어야 한다는 점이 부각되면서 기업의 사회적 책임이 강조됐다. 요즘에는 더 나아가 환경으로 범위를 넓히고 있다.

미국의 아웃도어 기업인 파타고니아는 "우리의 터전, 지구를 되살리기 위해 사업을 합니다."라는 사명으로 잘 알려진 기업이다. 파타고니아는 기업의 사회적 책임, 특히 환경 부문에서 어떤 기업보다도 앞서 나가고 있다. 제품의 원단을 포함하여 제품을 생산하는 전 과정에서 발생하는 오염과 쓰레기, 그리고 생산과정에 사용되는 에너지까지 기록하여 이를 "발자국 연대기"라는 웹사이트에서 공개하고 있다. 이 웹사이트를 통해 제품에 대한 정보를 얻은 소비자들은 파타고니아의 제품을 신뢰하며 이용한다.

기업의 사회적 책임은 생각하기 나름이다. 합리적으로 이윤을 추구하는 것으로 사회적 책임을 다하는 것이라는 일부의 주장도 있지만 앞서 언급했듯이 기업 역시 사회의 일원으로 사회가 잘 발전할 수 있도록 그 책임을 다해야 한다. 기업의 사회적 책임은 언뜻 생각하기에는 불리한 듯 보이지만 결과적으로는 더 큰 이윤 창출과 조직 구성원 간의 유연성 등을 가져다 줄 수 있다. 나아가 외부의 압력이나 요구에 의해 하는 활동이 아닌, 기업이 자발적으로 관련된 사회 공동의 이익 창출에 유익한 활동을 계획하고 실행해야 한다.

창출   자발적   공생하다   착취하다   방출하다   본질적   환원하다   언급하다

비난하다   벌이다   부각되다   드물다   추구하다   공헌   불리하다

이해하기
Comprehension

1 위와 같은 글의 종류는 무엇이며 목적이 무엇인지 쓰세요.

---

2 위 글에 대한 설명으로 맞는 것을 고르세요.

1) 기업은 자신의 지분을 모두 사회에 환원해야만 한다.

2) 기업이 사회적 책임을 지게 하기 위한 방법이 필요하다.

3) 기업은 이윤 추구에 충실하면 그 본분을 다하는 것이다.

4) 기업의 사회적 책임은 결국은 기업에게도 긍정적인 결과를 가져다 준다.

3 위 글에서 사용된 설명 방법이 <u>아닌 것</u>은 무엇인지 고르세요.

1) 예시   2) 반론   3) 묘사   4) 정의

4 위 글의 구조를 파악하고 아래의 표에 중심 내용을 정리하세요.

구조	단락	내용
서론		
본론		
결론		

5 위의 글을 읽고 '기업의 사회적 책임'에 대한 글쓴이 의견의 타당성을 판단하고 그렇게 생각한 이유를 정리하세요.

	타당성 여부	그렇게 생각한 이유
의견	☐ 타당하다 ☐ 타당하지 않다	

6 여러분 나라의 대표적인 기업과 그 기업의 지역 사회 공헌이 어떻게 수행되고 있는지 찾아서 이야기해 보세요.

어휘
Vocabulary

1 아래 어휘를 바르게 설명한 것을 연결하세요.

공생하다 · · 이롭지 않다.

불리하다 · · 서로 도우며 함께 살다.

방출하다 · · 본래의 상태로 돌려놓다.

추구하다 · · 목적을 이룰 때까지 구하다.

환원하다 · · 비축하여 놓은 것을 내놓다.

2 다음 어휘 중 알맞은 것을 골라 문법에 맞게 문장을 완성하세요.

창출	자발적	공헌	본질적	벌이다

1) 각 기업들은 이익을 ( ) 하는 것을 가장 우선 순위에 두고 있다.

2) 지금의 성과에는 수많은 희생과 시민들의 ( ) 이 있었다.

3) 나는 그 사람과 ( ) 으로 다른 생각을 가지고 있다.

4) 환경문제를 해결하기 위해서는 전 세계 시민들의 ( ) 참여가 절실하다.

5) 여기저기 일은 ( ) 마무리하지는 못하고 있다.

3 다음의 어휘 및 표현을 사용하여 문장을 만들어 보세요.

1) 비난하다 _____

2) 부각되다 _____

3) 드물다 _____

4) 언급하다 _____

5) 공생하다 _____

표현1
Expression 1

V/A-(으)ㄴ 나머지

받침 O	은 나머지	좋은 나머지 / 찾은 나머지
받침 X	ㄴ 나머지	기쁜 나머지 / 쓴 나머지

▶ 너무 좋은 나머지 정신을 잃고 말았다.

▶ 계획없이 돈을 펑펑 쓴 나머지 남은 돈이 하나도 없었다.

▶ 며칠 밤을 새운 나머지 쓰러졌다.

---

1 보기와 같이 문장을 완성하세요.

  상을 받고 (기쁜 나머지) 울어버렸다.

시끄럽다	놀라다	감동적이다	떨리다	바쁘다

1) 카페가 (   ) 친구가 부르는 소리를 듣지 못했다.

2) 영화를 보고 너무 (   ) 나머지 엉엉 울어버렸다.

3) 사는 게 너무 (   ) 나의 건강도 챙기지 못했다.

4) 발표를 하기 전에 (   ) 내 순서도 놓치고 말았다.

5) 교통사고 장면을 보고 너무 (   ) 길을 건너는 것도 잊어버렸다.

2 보기와 같이 한 문장으로 만드세요.

 생각지도 못한 질문에 당황하다 / 대답을 제대로 못했다.

→ 생각지도 못한 못한 질문에 당황한 나머지 대답을 제대로 못했다.

1) 내일 있을 시험 때문에 며칠 밤을 새다 / 쓰러지다

→ _____

2) 원하던 회사에 불합격해서 속상하다 / 엉엉 울다

→ _____

3) 읽고 있는 소설책이 너무 슬프다 / 계속 눈물이 흐르다

→ _____

4) 회사 면접 시험에 긴장을 너무 많이 하다 / 나도 모르게 말실수를 하다

→ _____

표현2
Expression 2

V-기 나름이다

| 받침 OX | 기 나름이다 | 노력하기 나름이다 |

▶ 모든 일은 노력하기 나름이에요.

▶ 아무리 힘든 일도 생각하기 나름이다.

▶ 아이들의 인성은 부모가 교육하기 나름이다.

1 보기와 같이 대화를 완성하세요.

 가: 이번에 장학금을 받을 수 있을까요?

나: 그럼요. 그건 <u>노력하기 나름이에요</u>. (노력하다)

1) 가: 부모님께 꼭 인정을 받고 싶어.

　나: 그건 네가 ＿＿＿＿＿＿＿＿＿＿. 인정을 받고 싶으면 열심히 노력해. (행동하다)

2) 가: 한국어 발음이 좋아졌으면 좋겠어요.

　나: ＿＿＿＿＿＿＿＿＿＿＿＿. 매일 꾸준한 연습이 필요해요. (연습하다)

3) 가: 한국에 있는 회사에 꼭 취직하고 싶어요.

　나: 회사도 ＿＿＿＿＿. 좋은 회사도 있고, 나쁜 회사도 있으니까 잘 알아봐요. (회사)

4) 가: 졸업 후에 취직을 할 수 있을지 너무 걱정이에요.

　나: 너무 불안해 하지 마세요. 모든 일은 ＿＿＿＿＿＿＿＿＿＿＿. (생각하다)

2 보기와 같이 대화를 완성하세요.

가: 계속해서 안 좋은 일만 생기는 것 같아요.

나: 모든 일은 마음먹기 나름이에요. 긍정적으로 생각해 보세요.

1) 가: 친구가 저를 좋아하지 않는 것 같아요.

　　나: _____

2) 가: 한국어를 유창하게 하고 싶어요.

　　나: _____

3) 가: 어떻게 하면 성공할 수 있을까요?

　　나: _____

4) 가: 부자가 되고 싶어요. 어떤 방법이 있을까요?

　　나: _____

글쓰기 표현
Writing Expressions

주장과 근거 표현

논설문은 자신의 주장과 그 근거에 대한 설득력이 있어야 한다. 논설문을 쓸 때에는 주제에 대한 자신의 입장을 명확히 밝힌 후에 그 입장에 대한 타당하고 신뢰할 수 있는 다양한 근거들을 마련해서 제시해야 한다.

※ 주장 표현

표현	예문
-해야 한다	자신만의 가치관이 뚜렷해야 한다.
-도록 -지 않으면 안 된다	어려운 상황에 놓인 사람들을 돕도록 노력하지 않으면 안 된다.
-기 위해서 -을 필요가 있다	환경 문제를 해결하기 위해서 전 세계가 노력할 필요가 있다.
-하는 것이 바람직하다	성공하기 위해서는 꾸준히 노력하는 것이 바람직하다.

※ 근거 표현

표현	예문
-라는 점을 생각하면	환경 오염의 가장 큰 원인이 프레온 가스라는 점을 생각하면
-점에서 볼 때	시간이 갈수록 외래어의 사용이 늘어나고 있다는 점에서 볼 때
-의 결과에 따르면	2023년의 통계청 조사 결과에 따르면

한국의 언어와 문화 심화편

다양한 논제에 대한 주장과 근거입니다. 주장과 근거 표현을 사용하여 글의 한 단락을 쓰세요.

1)

주장	개인의 가난에 대한 국가의 대책이 필요하다.
근거	2050년이면 국민연금이 바닥날 것이라고 한다.

↓

2)

주장	온라인 교육을 대체할 교육 방법 개발이 절실하다.
근거	온라인 교육의 실패 사례는 매우 다양하다.

↓

3)

주장	사형제도를 부활시켜야 한다.
근거	어린 나이에 범죄를 저지를 경우에는 50대면 사회에 복귀가 가능하다.

⇩

글쓰기
Writing

논증문

    논증문이란 어떤 화제에 대해 자신의 입장을 논리적으로 제시하여 다른 사람을 설득하기 위해 쓴 글로 논증문을 쓸 때에는 자신의 주장에 대한 타당한 근거를 함께 제시해야 한다.

※ 논증문의 구조

서론		본론		결론
문제 제기	➡	주장과 근거 제시	➡	요약 및 강조

※ 논증문의 서론

- 주제와 관련된 현상이나 문제 혹은 자신의 경험
- 자신의 주장과 반대되는 입장과 그에 대한 반론
- 주제에 대한 정의

※ 논증문의 본론

- 원인과 결과 표현
- 나열 표현
- 부연 표현

※ 논증문의 결론

- 본론의 요약 및 정리
- 주장의 강조
- 앞으로의 전망 및 문제해결 방안 제시

1 기업의 사회적 책임에 대한 자신의 입장을 결정하세요.

찬성	반대

2 논제에 대한 자신의 주장을 쓰고 이유를 간략히 정리하세요.

주장	
이유	

3 자신의 주장을 뒷받침할 자료를 조사해서 정리하세요.

출처	내용

4 자신의 주장과 반대되는 주장의 이유를 추측하여 정리하고 이에 대한 반론을 간단히 정리하세요.

반대 주장	
이유	· · ·
반론	· · ·

5 논증문을 쓰기 위한 개요를 작성하세요.

서론	
본론	
결론	

6 개요를 바탕으로 논증문을 쓰세요.

_____

_____

_____

_____

_____

_____

_____

_____

_____

_____

_____

_____

_____

_____

_____

_____

8장

역사와 현실

▷ 역사에 관심이 있습니까?

▷ 사도세자의 이야기를 들어 본 적이 있습니까?

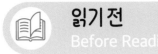

읽기 전
Before Reading

줄거리 요약하기

줄거리 요약은 긴 이야기를 중요한 부분만 간단하게 줄이는 과정입니다. 요약은 독자가 전체 이야기를 빠르게 이해할 수 있도록 도와줍니다. 줄거리를 요약할 때는 핵심 사건과 주요 인물의 행동을 중심으로 작성하는 것이 중요하며, 세부 사항보다는 전체 흐름을 파악할 필요가 있습니다. 또한 이야기의 주제나 교훈을 포함하면 줄거리가 더 명확해집니다.

요약의 구조	내용	예
소개	이야기의 종류, 배경, 주요 인물 소개	영화 '사도'는 조선시대 궁궐을 배경으로 사도세자와 그의 아버지 영조 간의 복잡한 관계를 다룬다.
사건의 전개	주요 사건의 진행과 갈등	사도세자는 아버지 영조에게서 심리적 압박을 받으며 점점 더 불안정한 행동을 보이기 시작한다.
사건의 결말과 주제	사건의 해결 주제와 교훈	결국 사도세자는 뒤주에 갇혀 비극적인 죽음을 맞이하게 된다. 영화는 권력과 인간의 감정에 대한 깊은 통찰을 보여준다.

1 다음 내용이 줄거리 요약의 어느 부분에 해당하는지 연결하세요.

1)

해리와 친구들은 마법 학교에서 다양한 모험을 겪
으며 어둠의 마법사 볼드모트를 막기 위한 싸움을
시작한다.   •

                                                      •   소개

이 이야기는 책임과 희생이 진정한 리더십을 만든
다는 교훈을 준다.   •   •   사건의 전개

                                                      •   사건의 결말
해리와 친구들은 결국 볼드모트를 물리치고 마법
세계의 평화를 되찾는다.   •
                                                      •   주제

해리포터는 영국인 작가의 소설로 주인공 해리포
터가 마법사로서 호그와트 학교에 입학하는 것으
로 시작된다.   •

2)

결국 그는 자신의 힘을 통해 도시를 지키고 슈퍼
히어로로서의 삶을 받아들인다.   •

                                                      •   소개

피터는 점점 스파이더맨으로서의 역할을 받아들
이고 도시를 지키기 위해 범죄와 싸우기 시작한다. •
                                                      •   사건의 전개

이 이야기는 힘에는 책임이 따른다는 교훈을 전하
며, 진정한 영웅은 자신의 능력을 남을 위해 사용   •   사건의 결말
하는 사람이라는 메시지를 전달한다.   •
                                                      •   주제

영화 스파이더맨은 평범한 고등학생 피터 파커가
거미에게 물린 후 초능력을 얻게 되면서 시작된다. •

2 다음 요약문을 완성해 보세요.

영화 타이타닉은 1912년, 초호화 여객선 타이타닉 호의 첫 항해를 배경으로 시작된다. 주인공 잭은 가난한 화가이며, 로즈는 상류층 가문의 약혼자이다.

두 사람은 타이타닉 호에서 우연히 만나 서로 사랑에 빠지게 된다. 잭과 로즈는 계급 차이를 뛰어넘어 서로에게 깊이 빠져든다. 억압된 삶에서 벗어나기를 원했던 잭이 매력적으로 느껴졌다.

_____

_____

_____

잭과 로즈의 사랑은 짧았지만 그들이 보여준 사랑과 희생은 깊은 감동을 준다. 타이타닉의 침몰은 당시 사회의 계급 차이와 인간의 무력함을 상징적으로 보여주며, 인생의 덧없음과 사랑의 가치를 강조한다.

　　사도세자는 조선의 제21대 왕인 영조의 아들이었다. 그는 어릴 때부터 총명하다는 평가를 받았지만 성인이 되면서 점차 정신적으로 불안정해졌다. 이로 인해 폭력적인 행동을 보이기 시작했고 궁궐 내에서 많은 문제를 일으켰다.

　　사도세자의 행동 중에 가장 문제가 되었던 것은 발작을 일으키고 주변 사람들에게 폭력을 휘두르는 것이었다. 그는 심지어 궁궐의 신하를 이유 없이 죽이기도 했다. 아무리 왕의 아들이더라도 이러한 행동이 용납될 수 없었다. 영조는 나라의 안정을 위해 아들을 뒤주에 가두기로 결정했다. 결국 사도세자는 뒤주에서 숨을 거두었다. 사도세자의 아내 혜경궁 홍 씨의 기록인 '한중록'에 따르면 사도세자는 뒤주에 갇혀 물조차 마시지 못하고 8일 만에 죽음을 맞이했다고 한다.

　　사실 사도세자의 비극은 단순히 개인의 문제에서 비롯된 것이 아니었다. 조선 왕조의 정치적 복잡성과 권력 투쟁이 원인이었다. 궁궐 내의 권력 다툼과 정치적 음모는 사도세자를 끊임없이 압박했고, 이것이 결국 비극적인 결말로 이어졌다. 사도사제의 이야기는 권력과 정치가 얼마나 큰 영향을 미칠 수 있는지를 잘 보여 준다.

사도세자의 비극적인 삶은 영화 '사도'에 잘 묘사되어 있다. 2015년에 개봉한 이준익 감독의 영화 '사도'는 사도세자와 영조 간의 복잡한 관계를 중심으로 이야기를 풀어낸다. 배우 유아인이 사도세자 역을, 송강호가 영조 역을 맡아 뛰어난 연기를 선보였다. 영화는 사도세자가 겪은 심리적 압박과 이로 인한 행동 변화를 세밀하게 그려내며 그가 왜 그렇게 행동할 수밖에 없었는지에 대한 이해를 돕는다.

영화 '사도'는 역사적 사실을 기반으로 하였지만 인물들의 인간적인 면모를 강조하여 사도세자의 비극을 더욱 극적으로 표현하고 있다. 특히, 사도세자와 아버지 영조의 갈등, 궁궐 내의 정치적 음모를 통해 당시의 복잡한 정치 상황을 생생하게 재현한다. 이 영화는 단순한 역사 영화가 아니라 인간의 감정과 권력의 본질에 대한 깊이 있는 통찰을 제공하는 작품으로 평가받고 있다.

총명하다	점차	불안정하다	폭력적	문제를 일으키다
발작을 일으키다	휘두르다	심지어	궁궐	신하
용납되다	숨을 거두다	비극	비롯되다	투쟁
음모	압박하다	결말	묘사되다	개봉하다
기반	면모	극적	생생하다	통찰

이해하기
Comprehension

1 다음 중 사도세자의 비극적 결말의 원인으로 가장 알맞은 것을 고르세요.

1) 백성들의 갈등

2) 영조의 냉정한 성격

3) 사도세자의 정신적인 문제

4) 궁궐 내의 권력 투쟁과 정치적 음모

2 영화 '사도'에 대한 설명으로 알맞은 것을 모두 고르세요.

1) 2015년에 개봉하였다.

2) 사실 그대로를 다루고 있다.

3) 비극적인 내용을 최소화하였다.

4) 당시의 정치 상황을 실감나게 보여 준다.

3 글의 내용과 같으면 O, 다르면 X 표시를 하세요.

1) 사도세자는 어릴 때부터 똑똑하다는 평가를 받았다.   (   )

2) 사도세자는 궁궐의 신하들과 좋은 관계를 유지했다.   (   )

3) 사도세자의 비극은 조선 왕조의 정치적 복잡성과 관련이 있다.   (   )

4) 사도세자는 정신적으로 불안정해지면서 폭력적인 행동을 보였다.   (   )

4 사도세자가 어떻게 죽음을 맞이하게 되었는지 쓰세요.

_____

5 사도세자의 아내 혜경궁 홍 씨가 기록한 글의 제목이 무엇인지 쓰세요.

_____

6 여러분 나라의 역사에서 가장 비극적인 사건이 무엇인지 이야기해 보세요.

어휘
Vocabulary

1 어휘의 의미를 보고 적절한 단어를 쓰세요.

궁궐	신하	면모	음모	결말
통찰	총명하다	불안정하다	용납되다	휘두르다
	묘사되다		압박하다	

1) _____ : 사물의 본질을 보는 능력

2) _____ : 이야기나 사건이 마무리되는 순간

3) _____ : 사람이나 사물의 겉모습이나 성격

4) _____ : 왕과 왕족이 거주하며 정치를 하던 장소

5) _____ : 어떤 행동이나 상황을 받아들이거나 허용하다

6) _____ : 다른 사람을 속이거나 해를 입히기 위해 몰래 꾸미는 계획

7) _____ : 어떤 사람이나 상황에 강한 스트레스를 주어 부담을 느끼게 하다

2 다음 어휘 중 알맞은 것을 골라 문법에 맞게 문장을 완성하세요.

점차	용납되다	심지어	숨을 거두다	비롯되다
묘사되다	개봉하다	기반	생생하다	휘두르다

1) 그 영화는 작년에 전 세계에서 동시에 (   )

2) 그 배우는 오랜 투병 끝에 한 병원에서 (   )

3) 이 사건은 두 사람 사이의 작은 오해에서 (   )

4) 다큐멘터리는 사실을 (   ) 만든 영상의 한 종류이다.

5) 날씨가 (   ) 추워지고 있어서 옷을 두껍게 입어야 합니다.

6) 이 소설은 주인공의 복잡한 감정이 잘 (   ) 좋은 작품으로 평가 받고 있다.

3 ▶ 빈칸에 알맞은 말을 쓰세요.

사도세자는 조선의 제21대 왕인 영조의 아들이었다. 그는 어릴 때부터 총명하다는 평가를 받았지만 1) 성인/되다/점차/정신적/불안정하다 _____

_____ 이로 인해 폭력적인 행동을 보이기 시작했고 궁궐 내에서 많은 문제를 일으켰다.

사도세자의 행동 중에 가장 문제가 되었던 것은 2) 발작/일으키다/주변/사람들/폭력/휘두르다 _____

그는 심지어 궁궐의 신하를 이유 없이 죽이기도 했다.

사실 사도세자의 비극은 단순히 3) 개인/문제/비롯되다/아니다 _____

_____ 조선 왕조의 정치적 복잡성과 권력 투쟁이 원인이었다.

4 ▶ 다음 어휘로 문장을 만들어 보세요.

1) 점차 _____

2) 비롯되다 _____

3) 숨을 거두다 _____

4) 문제를 일으키다 _____

표현1
Expression 1

V/A-더라도

동사/ 형용사	받침 O, X	더라도	가더라도, 죽더라도, 아프더라도, 춥더라도

▶ 실패하더라도 포기하지 않고 다시 시도할 것이다.

▶ 나는 죽더라도 이곳을 떠나지 않을 것이다.

▶ 아무리 바쁘더라도 가족과 함께 하는 시간을 가져야 한다.

▶ 날씨가 춥더라도 우리는 계획대로 여행을 갈 것이다.

1 보기와 같이 문장을 완성하세요.

____실패하더라도____ 포기하지 않고 다시 시도할 것이다.

1) _____ 나는 오늘까지 이 일을 끝낼 것이다.

2) _____ 예정된 체육대회를 진행할 것입니다.

3) _____ 나는 그 사람에게 진심으로 사과할 것이다.

4) _____ 다시 TOPIK 시험을 볼 것이다.

5) _____ 이해해 줬으면 좋겠습니다.

6) _____

2 보기와 같이 상황에 맞는 문장을 쓰세요.

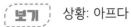 상황: 아프다
그 사람은 몸이 아무리 아프더라도 결석을 하지 않는다.

1) 상황: 비가 오다

_____

2) 상황: 과제가 많다

_____

3) 상황: 시간이 부족하다

_____

4) 상황: 비용이 많이 들다

_____

5) 상황: 길이 막히다

_____

3 기억에 남는 노력한 경험에 대해서 써 보세요.
단, 'V/A-더라도'를 세 번 이상 사용해야 합니다.

_____

_____

_____

_____

_____

_____

_____

_____

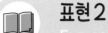

표현 2
Expression 2

> **N조차**
>
> | 명사 | 받침 O, X | 조차 | 시간조차, 생각조차 |
> |------|-----------|------|---------------------|
>
> ▶ 그가 무슨 말을 하는지 나는 이해조차 하지 못했다.
>
> ▶ 바빠서 다른 일은 할 생각조차 하지 못하는 상황입니다.
>
> ▶ 너무 충격적이어서 눈물조차 나지 않았다.
>
> ▶ 나는 지쳐서 저녁을 먹을 힘조차 없었다.

1 ▶ 보기와 같이 빈칸을 완성하세요.

> **보기** ┆ 나는 너무 피곤해서 ___저녁을 먹을 힘조차 없었다.___

1) 너무 긴장한 탓에 _____

2) 그 문제는 너무 어려워서 _____

3) 요즘은 기억력이 나빠져서 _____

4) 그는 너무 놀라서 _____

5) 그 사람의 표정이 너무 차가워서 _____

6) _____

2 보기와 같이 단어를 사용하여 문장을 만드세요.

 이름

너무 오랜만에 만난 사람이라서 이름조차 기억나지 않았다.

1) 휴대폰

_____

2) 생각

_____

3) 말

_____

4) 생일

_____

5) 시간

_____

3 기억에 남는 가장 바쁜 하루에 대해서 써 보세요.
단, 'N조차'를 세 번 이상 사용해야 합니다.

_____

_____

_____

_____

_____

_____

_____

_____

_____

글쓰기 표현
Writing Expressions

줄거리 요약 표현

※ 줄거리를 요약할 때 자주 사용되는 표현

구조	표현
소개	영화/소설/작품은 -을 배경으로 시작됩니다. 주인공은 -이며, 이야기는 -을 중심으로 진행됩니다. 이야기는 -에서 벌어지는 사건을 다룹니다.
사건의 전개	주인공이 -을 겪으며 이야기가 전개됩니다. 그 후에 -사건이 발생합니다. 갈등은 -로 인해 심화됩니다.
사건의 결말	결국 -로 결말이 납니다. 주인공은 -을 통해 문제를 해결합니다. 이야기는 -로 마무리됩니다.
주제와 교훈	이 이야기는 -을 주제로 다룹니다. 이야기는 -에 대한 깊이 있는 통찰을 제공합니다. 이야기를 통해 -라는 교훈을 얻을 수 있습니다.

1 다음의 내용을 바탕으로 요약문의 소개에 해당되는 문장을 쓰세요.

구조	내용
소개	• 종류: 영화 • 제목: 라이온 킹 • 주인공: 사자 심바 • 배경: 아프리카 초원

_____

_____

_____

_____

2 다음의 내용을 바탕으로 사건의 전개에 해당되는 문장을 쓰세요.

구조	내용
사건의 전개	• 사건: 심바의 아버지 무파사가 숙부인 스카로 인해 죽게 된다. • 갈등: 심바는 아버지의 죽음에 대한 죄책감으로 왕국을 떠난다.

_____

_____

_____

_____

3 다음의 내용을 바탕으로 사건의 전개에 해당되는 문장을 쓰세요.

구조	내용
사건의 결말	• 결말: 심바는 스카와의 싸움에서 승리하고 왕국을 되찾는다. • 마무리: 왕국은 다시 평화를 찾는다.

---

4 다음의 내용을 바탕으로 사건의 결말과 주제에 해당되는 문장을 쓰세요.

구조	내용
주제, 교훈	• 주제: 책임과 용기 • 교훈: 자신의 과거를 직면하고 극복하는 것이 중요하다.

줄거리 요약문 쓰기

줄거리 요약문을 작성할 때는 이야기를 간결하게 요약하면서도 핵심 사건과 주제를 명확히 전달하는 것이 중요합니다. 다음은 줄거리 요약문을 효과적으로 작성하는 방법입니다.

첫째, 요약문의 첫 문장에서 이야기의 배경과 주인공을 소개합니다.

둘째, 이야기가 어떻게 전개되는지, 주인공이 어떤 사건을 겪는지 설명해야 합니다.

셋째, 결말 부분에서 주인공이 문제를 어떻게 해결했는지 또는 이야기가 어떻게 마무리되는지 간단하게 정리해야 합니다.

넷째, 이야기의 주제나 교훈을 포함하여 전체 이야기가 주는 메시지를 요약합니다.

영화 '토이 스토리'는 앤디라는 소년의 방을 배경으로 그의 장난감들이 주인공인 이야기를 다룹니다. 주인공 우디는 앤디의 가장 소중한 장난감이지만, 새로운 장난감인 버즈 라이트이어가 등장하면서 갈등이 시작됩니다.

우디는 버즈가 앤디의 관심을 빼앗아 가는 것을 질투해 사고를 일으키고 두 장난감을 뜻하지 않게 집 밖으로 나가게 됩니다. 이 과정에서 우디와 버즈는 서로에게 의지하며 우정을 쌓아가고, 결국 협력하여 집으로 돌아가게 됩니다.

결국 우디는 자신의 자리를 받아들이고, 버즈와 함께 앤디의 사랑을 나누며 이야기는 마무리됩니다. 이 이야기는 우정을 주제로 다루며, 자신과 다른 존재를 받아들이는 것도 중요하다는 교훈을 줍니다.

▷ 좋아하는 작품을 하나 선택하여 줄거리 요약문을 써 보세요.

_____

_____

_____

_____

_____

_____

_____

_____

_____

_____

9장

윤리적 딜레마

▷ 트롤리 딜레마를 알고 있습니까?

▷ 최선의 선택을 하기 위한 자신만의 방법이 있습니까?

읽기 전
Before Reading

실험 결과 정리하기의 이해

실험 결과 정리하기는 실험을 통해 얻은 데이터를 요약하고 그 결과를 해석하는 과정입니다. 실험 결과의 정리는 목적을 분명히 하고, 데이터를 바탕으로 결론을 도출하는 것을 목적으로 합니다. 실험 결과를 효과적으로 분석하기 위해서는 실험 방법, 실험 결과 요약, 결과 분석이 명확하게 드러나야 합니다.

구조	내용	예
실험 목적과 방법	실험 목적과 수행 방법 소개 및 실험의 이유와 절차 설명	윤리적 딜레마에서 사람들의 선택과 그 이유를 분석하기 위해 25명의 대학생을 대상으로 실험을 진행하였다.
실험 내용과 결과	실험의 내용과 결과 요약, 표나 그래프 활용하여 결과 설명	그 결과, 70%는 다수를 구하기 위해 레버를 당겼고, 그중 60%는 도덕적 갈등을 느꼈다고 답했다.
정리	실험 결과에 대한 해석과 시사점, 실험의 한계와 향후 방향 제시	이 실험은 본능적 판단과 도덕적 가치가 충돌하는 윤리적 딜레마를 잘 보여준다.

1 다음 내용이 줄거리 요약의 어느 부분에 해당하는지 연결하세요.

1)

반복 학습이 단기 기억력을 향상시키는 데 중요한
역할을 한다는 사실을 확인할 수 있었다.

80%의 참가자가 10개의 단어를 기억했으며, 그
중 50%는 14개 이상의 단어를 기억했다.

· 실험의 목적

· 실험의 방법

이 실험은 사람들의 단기 기억력이 반복적 학습에
따라 어떻게 향상되는지 분석하기 위한 것이다.

· 실험의 결과

· 실험의 시사점

표본이 적어 일반화하기 어렵고, 단기 기억력에만
초점을 맞추어 장기 기억력에 미치는 영향을 분석
하지 못했다.

· 실험의 한계

30명의 대학생을 대상으로 20개의 단어를 기억하
게 한 후, 각 참여자가 몇 개의 단어를 기억했는지
조사하였다.

2)

7시간 이상 수면한 그룹이 4시간 이하로 수면한 그룹보다 집중력 테스트에서 더 높은 점수를 기록했다. •

수면 시간과 집중력의 관계를 분석하여 수면 부족이 학습 능력에 미치는 영향을 알아보고자 하였다. •

•   실험의 목적

•   실험의 방법

40명의 성인을 대상으로 7시간 이상 수면한 그룹과 4시간 이하 수면 그룹을 나누어 집중력 테스트를 시행했다. • •   실험의 결과

•   실험의 시사점

충분한 수면이 집중력과 학습 능력을 높이는 중요한 요소임을 확인할 수 있었다. • •   실험의 한계

실험이 단기적으로 진행되어 장기적인 수면 부족의 영향을 확인할 수 없었으며 연령에 따른 차이를 분석하지 못했다. •

2 다음 실험 결과문을 완성해 보세요.

　　이번 실험은 규칙적인 운동이 스트레스 수준에 미치는 영향을 분석하기 위해 진행되었다. 이를 위해, 50명의 성인의 두 그룹으로 나누어 실험을 진행하였다. 첫 번째 그룹은 일주일에 3회, 30분간 규칙적인 운동을 하도록 하였고, 두 번째 그룹은 운동하지 않도록 하였다. 각 그룹은 4주간 실험에 참여하였고, 스트레스 수준을 평가하는 설문을 실험 전후로 진행하였다.

　　그 결과, 첫 번째 그룹은 실험 전과 비교하여 스트레스 수준이 평균 35% 감소했으며, 운동을 하지 않은 두 번째 그룹은 스트레스 수준에 큰 변화가 없었다. 또한, 첫 번째 그룹은 신체적 피로가 감소하고 정신적으로 더 안정된 것으로 나타났다.

_____

_____

_____

　　다만 실험 기간이 짧아 장기적인 운동의 효과를 충분히 분석하지 못했으며, 자신의 스트레스 수준을 스스로 평가하는 주관적 설문이 이루어졌다는 점에 한계가 있다.

읽기
Reading

1. 실험 목적과 방법

이번 실험은 윤리적 딜레마에 대한 사고 실험을 통해 사람들의 선택과 그 이유를 분석하기 위해 진행되었다. 실험에 참여한 대상자는 현재 대학에 재학 중인 남녀 총 25명이었다. 실험을 시작하기에 앞서 대상자들에게 실험의 목적과 윤리적 딜레마의 개념에 대해 설명하였다.

다음으로 대상자들에게 윤리적 딜레마 상황이 담긴 설문지를 배부하였다. 설문지는 상황에 따라 어떤 선택을 할 것인지, 그리고 그 이유가 무엇인지를 기술하도록 구성되었다. 설문지 작성 후에 대상자들과 개별 인터뷰를 진행하여 설문지에 기재된 선택과 이유를 더욱 깊이 있게 탐구하였다.

2. 실험 내용과 결과

대상자들은 다음과 같은 윤리적 딜레마 상황에 대해 답변하였다.

1) 트롤리 문제

한 무리의 사람들이 기차 선로에 묶여 있고 기차가 이들을 향해 달려오고 있다. 레버를 당기면 기차는 다른 선로로 바뀌지만, 그 선로에는 다른 한 사람이 있다. 다수의 사람을 구하기 위해 한 사람을 희생할 것인가?

2) 실험 결과

실험 결과를 정리하면 다음의 표와 같다.

<표> 실험의 결과

선택	응답 비율(%)	도덕적으로 옳지 않다고 느낀 비율(%)
레버를 당겨 다수를 구함	70	60%
레버를 당기지 않음	30	40%

70%에 달하는 대상자가 레버를 당겨 다수를 구하는 선택을 하였다. 그리고 그 이유를 다수를 구하는 것이 더 큰 이익을 가져다 준다고 생각하고, 한 사람을 희생하더라도 더 많은 생명을 구하는 것이 더 낫다고 판단하였기 때문이라고 밝혔다.

한편, 그중 60% 이상의 대상자가 자신의 선택이 도덕적으로 옳지 않다고 느낀다고 답하였다. 그 이유는 생명을 희생하는 행위 자체가 도덕적으로 문제가 있으며, 한 사람의 생명도 소중하기 때문이라고 밝혔다. 그 외에 일부 대상자들은 윤리적 딜레마 상황에서의 선택이 잘못되었다고 주장하기도 하였다.

3. 정리

대부분의 대상자들은 다수를 구하기 위해 한 사람을 희생하는 선택을 하였다. 그러나 이와 동시에 그들은 이러한 선택이 도덕적으로 옳지 않다고 느꼈다. 즉, 다수를 구하는 선택이 합리적이라는 생각을 하는 동시에 윤리적인 갈등을 느낀 것이다. 이러한 결과는 윤리적 딜레마 상황에서 인간의 본능적 판단과 도덕적 가치가 충돌함을 보여준다.

사고 실험	분석하다	개념	배부하다	기술하다
개별 인터뷰	기재되다	탐구하다	답변하다	무리
기차 선로	다수	한편	행위	합리적
	본능적		충돌하다	

1▷ 트롤리 문제에서 다수를 구하기 위한 선택으로 가장 알맞은 것을 고르세요.

1) 기차를 멈추게 한다.

2) 사람들을 직접 구하러 간다.

3) 레버를 당기지 않고 그대로 둔다.

4) 레버를 당겨 기차를 다른 선로로 돌린다.

2▷ 실험 결과에서 다수를 구하는 선택을 한 비율을 고르세요.

1) 30%

2) 50%

3) 70%

4) 90%

3▷ 글의 내용과 같으면 O, 다르면 X 표시를 하세요.

1) 실험에 참여한 학생은 25명이다.   (   )

2) 레버를 당기지 않는다고 답한 사람이 많았다.   (   )

3) 사람들은 다수를 구하는 선택이 합리적이라고 생각했다.   (   )

4) 레버를 당긴다고 답한 사람 중 과반수는 자신의 선택이 옳지 않다고 느꼈다.   (   )

4 ▷ 트롤리 문제의 윤리적 딜레마 상황이 무엇인지 간단히 쓰세요.

_____

_____

_____

5 ▷ 사람들이 윤리적 갈등을 느낀 이유가 무엇인지 간단히 쓰세요.

_____

_____

_____

6 ▷ 여러분은 어떤 선택을 할 것인지 이야기해 보세요.

어휘
Vocabulary

1 어휘의 의미를 보고 적절한 단어를 쓰세요.

개념	무리	다수	한편	본능적
합리적	분석하다	배부하다	기술하다	기재되다
	탐구하다		답변하다	

1) _____ : 논리적으로 타당한 것

2) _____ : 사람들이나 동물들이 모인 집단

3) _____ : 어떤 물건이나 현상에 대한 생각이나 이론

4) _____ : 문서나 물건 등을 사람들에게 나누어 주다

5) _____ : 어떤 사실이나 내용을 글로 표현하거나 설명하다

6) _____ : 어떤 주제나 문제를 깊이 있게 연구하거나 조사하다

7) _____ : 생각이나 학습을 거치지 않고 자연스럽게 반응하거나 행동하는 것

2 다음 어휘 중 알맞은 것을 골라 문법에 맞게 문장을 완성하세요.

분석하다	배부하다	기술하다	기재되다	탐구하다
답변하다	다수	한편	합리적	본능적

1) 문제의 답을 이 답안지에 상세하게 (   )

2) 인간은 누구나 위험에 처하면 (   ) 반응하게 된다.

3) 설문지를 모든 참가자에게 (   ) 응답을 수집하였다.

4) 연구자는 실험 결과를 정확하게 (   ) 결론을 도출하였다.

5) 이 문서에 필요한 항목이 모두 (   ) 확인하시기 바랍니다.

6) 이 프로젝트는 나 혼자가 아니라 (   ) 조원들이 참여하여 완성하였다.

3 빈칸에 알맞은 말을 쓰세요.

　　　이번 실험은 윤리적 딜레마에 대한 사고 실험을 통해 1) 사람들/선택/그/이유/분석하다/진행되다

실험에 참여한 대상자는 현재 대학에 재학 중인 남녀 총 25명이었다. 실험을 시작하기에 앞서 대상자들에게 실험의 목적과 윤리적 딜레마의 개념에 대해 설명하였다.

　　　다음으로 대상자들에게 2) 윤리적 딜레마/상황/담기다/설문지/배부하다

설문지는 상황에 따라 어떤 선택을 할 것인지, 그리고 3) 그/이유/무엇/기술하다/구성되다

설문지 작성 후에 대상자들과 개별 인터뷰를 진행하여 설문지에 기재된 선택과 이유를 더욱 깊이 있게 탐구하였다.

한국의 언어와 문화 심화편

4 다음 어휘로 문장을 만들어 보세요.

1) 본능적 _____

2) 분석하다 _____

3) 기술하다 _____

4) 답변하다 _____

표현1
Expression 1

V-기에 앞서

동사	받침 O, X	기에 앞서	보기에 앞서, 읽기에 앞서

▶ 회의를 시작하기에 앞서 참석자를 확인하겠습니다.

▶ 발표를 듣기에 앞서 주제에 대해 설명해 주셨으면
  좋겠습니다.

▶ 책을 읽기에 앞서 저자의 배경을 이해하는 것이 도움이 된다.

▶ 그를 만나기에 앞서 해야 할 질문들을 미리 생각해
  두었습니다.

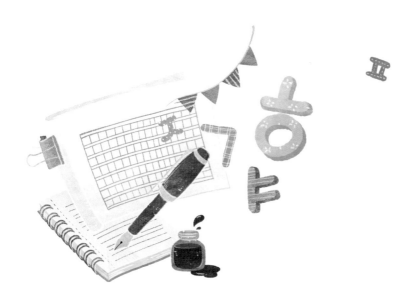

1 보기와 같이 문장을 완성하세요.

보기　　＿＿＿회의를 시작하기에 앞서＿＿ 참석자를 확인하겠습니다.

1) ＿＿＿＿＿＿＿＿＿＿＿＿＿＿＿＿＿＿＿＿＿＿ 필요한 재료를 모두 준비했다.

2) ＿＿＿＿＿＿＿＿＿＿＿＿＿＿＿＿＿＿＿＿＿ 일기 예보를 확인했습니다.

3) ＿＿＿＿＿＿＿＿＿＿＿＿＿＿＿＿＿＿＿ 교재를 미리 읽으면서 예습했다.

4) ＿＿＿＿＿＿＿＿＿＿＿＿＿＿＿＿ 준비 운동을 하는 것이 중요합니다.

5) ＿＿＿＿＿＿＿＿＿＿＿＿＿＿ 조원들과 역할을 분담할 필요가 있습니다.

6) ＿＿＿＿＿＿＿＿＿＿＿＿＿＿＿＿＿＿＿＿＿＿＿＿＿＿＿＿＿＿＿

2 보기와 같이 상황에 맞는 문장을 쓰세요.

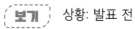 상황: 발표 전

발표를 하기에 앞서 발표문을 작성하여 발표를 연습해야 한다.

1) 상황: 면접 전

_____

2) 상황: 계약 전

_____

3) 상황: 여행 전

_____

4) 상황: 이사 전

_____

5) 상황: 토론 전

_____

3 여러분은 중요한 결정을 하기 전에 어떤 것들을 고려하는지 써 보세요.
단, 'V-기에 앞서'를 세 번 이상 사용해야 합니다.

_____

_____

_____

_____

_____

_____

_____

_____

표현2
Expression 2

V-는 동시에, N와/과 동시에

동사	받침 O, X	는 동시에	가는 동시에, 먹는 동시에
N	받침 O	과 동시에	그것과 동시에
	받침 X	와 동시에	이와 동시에

▶ 이 기계는 물을 필터링해 주는 동시에 공기도 정화합니다.

▶ 이 식당은 음식이 맛있다는 평가와 동시에 가격이 비싸다는 지적도 받고 있다.

▶ 비와 동시에 바람도 강하게 불기 시작했다.

▶ 이 영화는 개봉과 동시에 큰 인기를 얻었습니다.

---

1 보기와 같이 문장을 완성하세요.

> **보기**   이 영화는 <u>긍정적인 평가와 동시에</u> 비판적인 평가도 받았다.

1) 발표를 잘하려면 _____ 발표 자료도 효과적이어야 한다.

2) 새로운 언어를 배우려면 _____ 문화도 이해할 필요가 있다.

3) 그 정책은 _____ 경제적 부담을 준다는 의견이 나왔다.

4) 이 영화는 _____ 아름다운 영상미가 돋보인다.

5) 나는 늘 _____ 집에만 있고 싶다는 두 가지 상반된 생각을 한다.

6) _____

2 보기와 같이 제시어를 사용하여 문장을 만드세요.

보기   긍정적인 효과 / 많은 논란

이 정책은 긍적적인 효과와 동시에 많은 논란을 일으키고 있다.

1) 범죄 예방 / 개인의 자유 침해

_____

2) 도시 발전 / 환경 파괴

_____

3) 생산성 증가 / 일자리 감소

_____

4) 교통 체증 감소 / 비용 증가

_____

5) 찬성하는 의견 / 반대하는 의견

_____

3 보기와 같이 한 문장으로 요약해 보세요.

보기   대학은 다양한 지식을 배울 수 있는 기회이다.

대학은 많은 과제와 시험으로 스트레스를 준다.

대학은 다양한 지식을 배우는 기회와 동시에 스트레스를 주는 곳이다.

1) 인턴십으로 실무 경험을 쌓을 수 있다.

인턴십으로 직업 선택에 대한 명확한 방향을 설정할 수 있다.

_____

_____

2) 기숙사 생활은 다양한 사람과 교류할 수 있는 기회를 제공한다.

기숙사 생활은 사생활을 충분히 즐길 수 없다.

_____

_____

실험 결과 정리 표현

※ 실험 결과를 정리할 때 자주 사용되는 표현

구조	표현
실험 목적과 방법	이번 실험은 -기 위해 진행되었다. 실험에 참여한 대상자는 -이었다. 실험을 시작하기에 앞서 -에 대해 설명하였다. 대상자들에게 -을 배부하였다. (설문지) 설문지는 -도록 구성되었다.
실험 내용과 결과	실험 결과를 정리하면 다음과 같다. -%에 달하는 대상자가 -라고 답하였다. 그중 -% 이상이 -라고 답하였다. 일부는 -라고 답하였다. -의 경향을 보였다.
정리	이 실험은 -을 시사한다. -을 통해 -을 알 수 있다. 이 실험의 한계점은 -이다. 추가 연구가 필요한 부분은 -이다.

1 다음의 내용을 바탕으로 실험 목적과 방법을 설명하는 문장을 쓰세요.

구조	내용
실험 목적과 방법	• 목적: 소음이 학습 집중도에 미치는 영향 파악 • 대상자: 고등학생 50명 • 안내: 소음 수준과 영향 • 자료: 학습 집중도 설문지

_____

_____

_____

2 다음의 내용을 바탕으로 실험 내용과 결과를 설명하는 문장을 쓰세요.

구조	내용
실험 내용과 결과	• 소음이 학습 집중도에 부정적인 영향을 미친다: 80% • 그중 65%: 스트레스 수준이 높아질수록 집중도가 더욱 떨어진다. • 기타: 소음과 집중도는 영향이 없다.

_____

_____

_____

3 다음의 내용을 바탕으로 실험 결과를 정리하는 문장을 쓰세요.

구조	내용
정리	• 결론: 소음이 학습 집중도에 부정적인 영향을 미친다. • 한계점: 단일한 소음 환경만 실험 • 추가 연구: 다양한 소음 환경에서의 집중력 변화 분석 필요

_____

_____

_____

글쓰기
Writing

실험 결과 정리하기

실험 결과를 정리할 때는 실험의 목적을 명확하게 전달하면서도 결과와 분석을 간결하게 요약하는 것이 중요합니다. 다음은 실험 결과를 효과적으로 작성하는 방법입니다.

첫째, 실험의 목적과 실험 방법을 간단하게 소개합니다.

둘째, 실험 결과를 수치나 그래프 등을 통해 구체적으로 설명하고, 그 결과가 어떤 의미를 가지는지 정리합니다.

셋째, 실험 결과를 통해 얻은 결론을 요약합니다.

넷째, 실험의 한계점이나 추가 연구가 필요한 부분을 제시합니다.

---

1 가상의 실험 내용을 작성해 보세요.

구조	내용
실험 목적과 방법	
실험 내용과 결과	
정리	

2 작성한 실험 내용을 바탕으로 결과를 정리하는 글을 써 보세요.

10장

문제와 해결

▷ 주로 어디에서 공부를 합니까?

▷ 그 장소를 선호하는 이유는 무엇입니까?

읽기 전
Before Reading

조사 보고서의 구성 요소

　　조사 보고서는 어떤 주제나 문제에 대해 체계적으로 조사한 내용을 정리한 글입니다. 조사 보고서는 제목, 조사 목적 및 배경, 조사 방법, 조사 결과, 결과 해석 및 논의, 결론 및 제언으로 구성됩니다. 제목은 주제를 명확히 드러내고, 조사 목적 및 배경에서는 문제 상황과 조사의 필요성을 설명합니다. 조사 방법과 결과는 조사 절차와 주요 데이터를 간결하게 제시하고, 결과 해석과 논의에서는 결과를 분석해 결론과 개선 방향을 제안합니다.

구성 요소	내용	예
제목	조사 보고서의 주제와 목적을 명확히 드러내야 함	학습 공간 선호도 조사: 스터디 카페와 도서관을 중심으로
조사 목적 및 배경	조사 목적, 문제 상황 및 필요성 제시	대학생들이 공부할 때 스터디 카페와 도서관 중 어디를 더 선호하는지와 그 이유를 파악하기 위해 실시하였다.
조사 방법	조사 기간, 방법, 참여 인원 제시	조사는 2025년 6월 1일부터 6월 15일까지 약 2주간 온라인으로 진행되었으며, 총 51명의 학생이 참여하였다.
조사 결과	주요 결과를 요약하고, 세부 데이터를 표나 그래프로 제시	조사 결과, 학생들은 스터디 카페와 도서관을 각각 55%와 45%로 거의 비슷하게 선호하는 것으로 나타났다.
결과 해석 및 논의	조사 결과를 해석하고 문제점과 한계점을 제시	도서관은 조용한 환경을 제공하지만 자리가 부족하여 원하는 시간에 이용하기가 쉽지 않다는 의견이 많았다.
결론 및 제언	요약과 개선 방향 제안	학교 측은 학생들이 더욱 나은 학습 환경에서 공부할 수 있도록 도서관의 장점을 살리면서 단점을 보완하는 방안을 모색할 필요가 있다.

1 다음 내용이 조사 보고서의 어느 부분에 해당하는지 연결하세요.

1)

설문 결과, 응답자의 60%는 하루에 두 끼를 섭취한다고 응답했으며, 40%는 하루에 세 끼 이상을 섭취한다고 답했다.

· 제목

· 조사 목적 및 배경

본 조사는 대학생들이 주로 어떤 음식을 섭취하고, 어떻게 섭취하는지를 분석하기 위해 수행되었다.

· 조사 방법

· 조사 결과

대학생들의 건강한 식습관 형성을 위해 간단한 조리법과 식재료 추천 가이드를 제작할 것을 제안하였다.

· 결과 해석 및 논의

· 결론 및 제언

조사는 11월 1일부터 11월 10일까지 온라인 설문조사를 통해 진행되었으며, 총 85명이 응답하였다.

2)

대학생의 스마트폰 사용 습관 분석 •

• 제목

스마트폰 사용 제한 앱을 활용해 스마트폰 사용 시 •
간을 줄이고 생산성을 높이는 방법을 제안하였다.

• 조사 목적 및
배경

조사는 1월 18일부터 2월 18일까지 약 한 달간 진
행되었으며, 300여 명의 대학생이 설문에 참여하 •
였다.

• 조사 방법

• 조사 결과

본 조사는 대학생들의 스마트폰 사용 습관과 생산
성 간의 관계를 분석하기 위해 이루어졌다. •

• 결과 해석 및
논의

• 결론 및 제언

설문조사 결과, 응답자의 75%가 스마트폰 사용 시
간이 하루 4시간 이상이라고 답하였다. •

2 다음 실험 결과문을 완성해 보세요.

조사 결과, 학생들은 스터디 카페와 도서관을 각각 55%와 45%로 거의 비슷하게 선호하고 있는 것으로 나타났다. 장소별 선호 비율과 주요 이유를 정리하면 다음의 <표 1>과 같다.

<표 1> 선호 장소 및 주요 이유

선호 장소	응답 비율	주요 이유
스터디 카페	55%	자유로운 분위기, 음료와 간식 제공, 편안한 좌석, 다양한 학습 공간
도서관	45%	조용한 환경, 집중하기 쉬움, 자료 접근성, 학습 분위기

스터디 카페를 선호하는 학생들은 자유로운 분위기와 음료 및 간식 제공, 편안한 좌석을 주요 이유로 꼽았다. 반면에 _____

_____

또한 도서관은 조용한 환경을 제공하지만 자리가 부족하여 원하는 시간에 이용하기가 쉽지 않다는 의견이 많았다. 특히 시험 기간에는 자리 부족 문제가 더욱 심각해졌다. 도서관 시설 이용에 대한 불편함도 학생들이 도서관을 이용하지 않는 이유 중 하나였다.

읽기
Reading

학습 공간 선호도 조사

: 스터디 카페와 도서관을 중심으로

이 조사는 대학생들이 공부할 때 스터디 카페와 도서관 중 어디를 더 선호하는지와 그 이유를 파악하기 위해 실시하였다. 대부분의 대학에 무료로 이용할 수 있는 도서관이 있는데도 많은 학생들이 돈을 내고 스터디 카페를 이용한다. 그 이유를 조사를 통해 확인할 수 있을 것이다. 조사는 2025년 6월 1일부터 6월 15일까지 약 2주간 온라인으로 진행되었으며, 총 51명의 학생이 참여하였다.

조사 결과, 학생들은 스터디 카페와 도서관을 각각 55%와 45%로 거의 비슷하게 선호하고 있는 것으로 나타났다. 장소별 선호 비율과 주요 이유를 정리하면 다음의 표와 같다.

선호 장소 및 주요 이유

선호 장소	응답 비율	주요 이유
스터디 카페	55%	자유로운 분위기, 음료와 간식 제공, 편안한 좌석, 다양한 학습 공간
도서관	45%	조용한 환경, 집중하기 쉬움, 자료 접근성, 학습 분위기

스터디 카페를 선호하는 학생들은 자유로운 분위기와 음료 및 간식 제공, 편안한 좌석을 주요 이유로 꼽았다. 반면에 도서관을 선호하는 학생들은 조용한 환경과 집중하기 쉬운 분위기, 자료 접근성을 주요 이유로 들었다.

또한 도서관은 조용한 환경을 제공하지만 자리가 부족하여 원하는 시간에 이용하기가 쉽지 않다는 의견이 많았다. 특히 시험 기간에는 자리 부족 문제가 더욱 심각해졌다. 도서관 시설 이용에 대한 불편함도 학생들이 도서관을 이용하지 않는 이유 중 하나였다. 스터디 카페는 편안한 좌석과 다양한 학습 공간을 제공하는 데 비해 도서관의 경우 책상과 의자 등이 노후되어 불편하다는 의견도 있었다.

이번 설문조사를 통해 학생들이 캠퍼스 내에서 공부할 때 선호하는 장소와 그 이유를 파악할 수 있었다. 스터디 카페와 도서관은 각각의 장단점이 있으며, 학생들은 자신의 학습 스타일과 필요에 따라 장소를 선택하고 있었다. 학교 측은 학생들이 더욱 나은 학습 환경에서 공부할 수 있도록 도서관의 장점을 살리면서 단점을 보완하는 방안을 모색할 필요가 있다.

선호하다	파악하다	실시하다	주요	접근성
꼽다	노후되다	보완하다	모색하다	제공하다

이해하기
Comprehension

1 조사에 대한 정보를 정리하세요.

1) 조사의 목적:

2) 조사 대상:

3) 조사 기간:

4) 조사 방법:

2 조사의 결과로 적절한 것을 고르세요.

1) 학생들은 도서관을 더 선호했다.

2) 학생들은 학습 성향에 따라 두 장소를 선택했다.

3) 스터디 카페는 자료 접근성이 높다는 장점이 있다.

4) 도서관의 단점은 집중하기가 어렵다는 점으로 나타났다.

3 글의 내용과 같으면 O, 다르면 X 표시를 하세요.

1) 도서관은 스터디 카페에 비해 자료 접근성이 높다. ( )

2) 스터디 카페는 도서관보다 더 조용하다는 장점이 있다. ( )

3) 스터디 카페와 도서관 이용 비율은 큰 폭으로 차이가 있다. ( )

4) 시험 기간에 자리 부족 문제는 스터디 카페가 더욱 심각하다. ( )

4 학생들이 도서관을 선호하지 않는 이유가 무엇인지 쓰세요.

_____

_____

5 설문조사 결과를 바탕으로 학교 측이 고려해야 할 개선 사항은 무엇인지 쓰세요.

_____

_____

6 여러분은 어떤 학습 공간을 선호하는지 이야기해 보세요.

어휘
Vocabulary

1 어휘의 의미를 보고 적절한 단어를 쓰세요.

선호하다	파악하다	실시하다	주요	접근성
노후되다	보완하다	모색하다	제공하다	꼽다

1) _____ : 필요하거나 유용한 것을 주다

2) _____ : 중심이 되거나 가장 중요한 것

3) _____ : 오래되어서 낡거나 기능이 떨어지다

4) _____ : 어떤 일을 실제로 진행하거나 실행하다

5) _____ : 방법이나 해결책 등을 찾으려고 노력하다

6) _____ : 어떤 사실을 정확하고 확실하게 이해하고 알다

7) _____ : 부족한 부분이나 잘못된 것을 고쳐서 완전하게 하다

2 다음 어휘 중 알맞은 것을 골라 문법에 맞게 문장을 완성하세요.

선호하다	파악하다	실시하다	주요	접근성
노후되다	보완하다	모색하다	제공하다	

1) 교통 체증은 이 도시의 (   ) 문제 중 하나이다.

2) 우리는 문제를 해결할 수 있는 새로운 방안을 (   )

3) 문제의 원인을 정확히 (   ) 것이 해결의 첫걸음이다.

4) 이 아파트는 지은 지 30년이 넘어 시설이 상당히 (   )

5) 인터넷이 발달하면서 정보의 (   ) 과거보다 훨씬 높아졌다.

6) 학교에서는 학생들의 의견을 확인하기 위해 설문조사를 (   )

3 빈칸에 알맞은 말을 쓰세요.

　　이 조사는 대학생들이 공부할 때 스터디 카페와 도서관 중 <u>1) 어디/더/선호하다/그/</u>
<u>이유/파악하다/실시하다/</u>
대부분의 대학에 무료로 이용할 수 있는 도서관이 있는데도 많은 학생들이 돈을 내고
스터디 카페를 이용한다. <u>2) 그/이유/조사/확인하다　　　　　　　　　　　　　</u>:
조사는 2025년 6월 1일부터 6월 15일까지 약 2주간 온라인으로 진행되었으며, 총 51
명의 학생이 참여하였다.

　　조사 결과, 학생들은 <u>3) 스터디 카페/도서관/거의/비슷하다/비율/선호하다/나타</u>
<u>나다　　　　　　　　　　　　　　　　　　　　</u>. 장소별 선호
비율과 주요 이유를 정리하면 다음의 표와 같다.

4 다음 어휘로 문장을 만들어 보세요.

1) 주요   _____

2) 파악하다   _____

3) 실시하다   _____

4) 모색하다   _____

V/A-(으)ㄴ/는데도

동사	받침 O, X	는데도	가는데도, 먹는데도
형용사	받침 O	은데도	작은데도, 높은데도
	받침 X	ㄴ데도	어려운데도, 바쁜데도

▶ 날씨가 좋지 않은데도 참가자가 많았다.

▶ 가격이 높은데도 소비자들이 이 제품을 선호한다.

▶ 시간이 부족한데도 모든 과제를 기한 내에 제출했다.

▶ 비용이 드는데도 이 시설을 이용하는 사람들이 많다.

▶ 시설이 노후되었는데도 이용자 수는 꾸준히 증가하고 있다.

1 보기와 같이 문장을 완성하세요.

보기 _____ 시간이 없는데도 _____ 서두르지 않고 꼼꼼히 일을 처리했다.

1) 자료 준비가 _____ 발표는 원활하게 이루어졌다.

2) 설문 문항이 _____ 응답자들은 상세히 의견을 밝혔다.

3) 비용이 _____ 이 프로그램에 대한 만족도가 높게 나타났다.

4) 설문 참여 인원이 _____ 결과 분석이 정확하게 이루어졌다.

5) 응답자의 연령대가 _____ 대다수가 동일한 의견을 제시했다.

6) _____

2 보기와 같이 어휘를 사용하여 문장을 완성하세요.

예상치 못하다

예상치 못한 문제가 많았는데도 회의를 무사히 마무리했다.

1) 의견 차이

_____

2) 일정 변경

_____

3) 응답률

_____

4) 시간 부족

_____

5) 예산 부족

_____

3 최근 어떤 일상 속 어려움을 극복했는지 써 보세요.
단, 'V/A-(으)ㄴ/는데도'를 세 번 이상 사용해야 합니다.

_____

_____

_____

_____

_____

_____

_____

_____

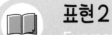

표현 2
Expression 2

V-기가 쉽다

동사	받침 O, X	기가 쉽다	하기가 쉽다, 얻기가 쉽다

▶ 설명이 상세해서 이해하기가 쉬웠다.

▶ 날이 흐리면 산길을 찾기가 쉽지 않다.

▶ 시간이 없으면 매일 운동하기가 쉽지 않다.

▶ 처음에는 배우기가 쉽지 않지만 꾸준히 하면 된다.

1 ▷ 보기와 같이 문장을 완성하세요.

〔**보기**〕 내용이 복잡해서 _____이해하기가 쉽지 않다_____

1) 조원들이 적극적이어서 _____

2) 정리정돈이 잘 되어 있으면 _____

3) 이번 퀴즈는 난이도가 높아서 _____

4) 인터넷을 사용할 수 없다면 필요한 정보를 _____

5) 조사 참여자들의 연령대가 다양해서 공통적인 의견을 _____

6) _____

2 보기와 같이 제시어를 사용하여 문장을 만드세요.

 정리되다 / 분석하다

자료가 잘 정리되어 있어서 분석하기가 쉽다.

1) 복잡하다 / 찾다

_____

2) 명확하다 / 해결하다

_____

3) 익히다 / 노력하다

_____

4) 충분하다 / 예측하다

_____

5) 간단하다 / 준비하다

_____

3 최근 겪은 문제에 대해서 써 보세요.
단, 'V-기가 쉽다/쉽지 않다'를 세 번 이상 사용해야 합니다.

_____

_____

_____

_____

_____

_____

_____

_____

글쓰기 표현
Writing Expressions

조사 보고서 쓰기 표현

※ 조사 보고서를 작성할 때 자주 사용되는 표현

구조	표현
조사 목적과 방법	이번 조사는 -을/를 파악하기 위해 실시되었다. 조사 대상자는 -이었다. 조사는 -부터 -까지 약 -간 진행되었다. -을/를 통해 데이터를 수집하였다. 총 -명의 -이/가 조사에 참여하였다.
조사 내용과 결과	조사 결과, -이/가 -%로 가장 높은 응답 비율을 보였다. 설문 결과를 정리하면 다음과 같다. 응답자들은 -에 대해 -%가 선호한다고 답했다. 주요 이유로는 -이/가 꼽혔다.
결론과 제안	이번 조사를 통해 -을/를 확인할 수 있었다. 조사 결과를 바탕으로 -을/를 개선할 필요가 있다. -을/를 보완해야 한다. -기 위한 방안을 모색해야 한다.

1 다음의 내용을 바탕으로 조사 목적과 방법을 설명하는 문장을 쓰세요.

구조	내용
조사 목적과 방법	• 목적: 대학생들의 온라인 강의 만족도 파악 • 대상자: 대학생 100명 • 방법: 온라인 설문조사 • 기간: 12월 1일 ~ 12월 7일

---

2 다음의 내용을 바탕으로 조사 내용과 결과를 설명하는 문장을 쓰세요.

구조	내용
조사 내용과 결과	• 결과: 응답자의 65%가 온라인 강의에 만족한다고 답함 • 주요 이유: 유연한 학습 시간(45%), 자료 접근성(30%), 　　　　　 개별 피드백(25%) • 문제점: 인터넷 연결 불안정, 실시간 소통 부족

한국의 언어와 문화 심화편

3 다음의 내용을 바탕으로 결론과 제안에 대한 문장을 쓰세요.

구조	내용
결론과 제안	• 결론: 응답자의 대다수는 온라인 강의를 긍정적으로 평가함 • 제안: 실시간 소통을 강화하고 인터넷 연결 환경을 개선해야 함

_____

_____

_____

_____

글쓰기
Writing

조사 보고서 작성하기

조사 보고서를 작성할 때는 조사 목적을 명확하게 전달하면서도 결과와 분석을 체계적이고 간결하게 정리하는 것이 중요합니다. 다음은 조사 보고서를 효과적으로 작성하는 방법입니다.

첫째, 조사의 목적과 방법을 간단하게 소개합니다.
둘째, 조사 결과를 수치나 표, 그래프 등을 통해 구체적으로 설명하고 그 결과가 어떤 의미를 가지는지 정리합니다.
셋째, 조사 결과를 통해 얻은 결론을 요약합니다.
넷째, 조사 과정에서 발견된 한계점이나 추가적으로 연구가 필요한 부분을 제시합니다.

 1 가상의 조사 내용을 작성해 보세요.

구조	내용
조사 목적과 방법	
조사 내용과 결과	
결론과 제안	

2 작성한 조사 내용을 바탕으로 결과를 정리하는 글을 써 보세요.

_____

_____

_____

_____

_____

_____

_____

_____

_____

_____

_____

_____

_____

_____

_____

_____

_____

MEMO

MEMO

저자정보 ✍

장현묵 세종대학교 국어국문학과 초빙교수
이지은 세종대학교 국어국문학과 강사
신은옥 세종대학교 국어국문학과 강사

한국의 언어와 문화(심화편)

초판발행	2025년 2월 25일
지은이	장현묵·이지은·신은옥
펴낸이	안종만·안상준
편 집	소다인
기획/마케팅	박부하
표지디자인	BEN STORY
제 작	고철민·김원표
펴낸곳	(주)박영사
	서울특별시 금천구 가산디지털2로 53, 210호(가산동, 한라시그마밸리)
	등록 1959. 3. 11. 제300-1959-1호(倫)
전 화	02)733-6771
f a x	02)736-4818
e-mail	pys@pybook.co.kr
homepage	www.pybook.co.kr
ISBN	979-11-303-2186-8 03710

정 가   27,000원

어휘 노트

1장

갖추다

검토하다

관점

구조

그려내다

근거

기본적인

기술

꼼꼼히

꾸준하다

나열하다

논리적

늘어놓다

다듬다

다루다

단순화하다

단순히

독자

동의하다

뒷받침하다

마련하다

마무리하다

명확하다

반박하다

부호

살펴보다

선사하다

설득하다

설정하다

수정하다

수준

시행

실력을 기르다

연결어

오류

완성도

요약하다

원칙

유용하다

이끌어내다

어휘 노트

1장

인상적

작성하다

저자

적절하다

전개하다

전달하다

정책

제시하다

초고

초점을 두다

타당하다

특정하다

파악하다

풍부하다

해결 방안

행위

혼란스럽다

흐름

어휘 노트

2장

공결

공손하다

공지하다

낫다

다름이 아니라

답안

맺음말

문의하다

발신자

변경

본문

서명

소통

수강 여석

수강하다

수신자

실례를 무릅쓰다

아마도

여쭙다

연장

예상하다

올림

유익하다

이르다

인상깊다

일부

점수를 매기다

제목 없음

증원

짐작하다

채점 기준

채점하다

처리가 되다

추론

특히

판단

피드백

어휘 노트

3장

거치다

공평하다

관람하다

도래하다

도약기

목소리를 높이다

소외계층

시도하다

양상

유래되다

유사하다

응답하다

이루다

익숙하다

일절

자제하다

장애물

조성하다

조작하다

치열하다

티켓팅

어휘 노트

4장

개조하다

견디다

계기

고즈넉하다

공존하다

기록하다

당일치기

동양

들판

마음을 흔들다

머물다

멍하다

몸을 싣다

묘미

묘사하다

무리하다

미학

밀리다

발길을 돌리다

산세

서사

선선하다

숨결

신뢰

신중하다

쏠쏠하다

예매하다

위대하다

유적지

이끌다

일몰

일출

장관

초월하다

트레킹

폭

풍기다

한눈팔다

환상적이다

어휘 노트

5장

각본

강력하다

결말

계층

과외 교사

극심하다

기생충

끔찍하다

날카롭다

다소

되돌아보다

목격하다

목숨을 걸다

반전

반지하

본성

부유하다

부족

불과하다

불평등

블록버스터

빈부 격차

사로잡다

상징적

생명체

수상하다

시선

영향력

예기치 못하다

인기를 끌다

잔혹하다

정체

조화롭다

진정하다

처하다

침수

침투하다

탁월하다

트라우마

후속작

어휘 노트

6장

가치관

감정적

거부하다

고개를 숙이다

공유

관용어

교훈성

구성원

굳어지다

그다지

기대

기온

깨어지다

내집단

독특하다

드러나다

따돌리다

레몬

무리

무시하다

문자

문장 성분

뭉뚱그리다

발이 넓다

배신감

배타적

백성

보편적

분리되다

비유성

뽑다

사유하다

산물

상호관계

손꼽히다

솔직히

시금치

암시하다

애석함

양식

어휘 노트

6장

어긋나다

완전하다

요소

우수하다

운율

위협하다

유래

의식

인공지능

인턴십

일체감

일컫다

자랑스럽다

자부심

자체

장기적

조합

존재하다

진리

첨가되다

체험하다

친밀감

탐구하다

통하다

특성

표출하다

풍자성

함축하다

합

행동적

행성

행위

형성하다

환경파괴

흡수

요약하다

원칙

유용하다

이끌어내다

어휘 노트

7장

간과하다	유창하다
강화하다	유해하다
공생하다	자발적
공헌	재앙
드물다	저지르다
뚜렷하다	절실하다
바닥나다	착취하다
방지하다	창출
방출하다	추구하다
벌이다	폐기하다
본질적	환원하다
부각되다	
분류하다	
불리하다	
비난하다	
서식지	
악용되다	
언급하다	
원천적	

어휘 노트

8장

가문

갈등

개봉하다

계급

궁궐

극적

기반

덧없음

되찾다

뒤주

면모

무력함

문제를 일으키다

물리치다

발작을 일으키다

불안정하다

비극

비롯되다

상류층

생생하다

세부 사항

숙부

숨을 거두다

승리하다

신하

실감나다

심지어

압박하다

약혼자

억압되다

용납되다

유지하다

음모

점차

어휘 노트

8장

죄책감

주요

줄거리

직면하다

질투하다

초능력

총명하다

침몰

통찰

투쟁

폭력적

항해

핵심 사건

휘두르다

희생

어휘 노트

9장

간결하다

개념

개별 인터뷰

경향

고려하다

교류하다

교통체증

기술하다

기재되다

기차 선로

논란을 일으키다

다수

답변하다

대상자

도출하다

돋보이다

배부하다

본능적

부담

분담하다

분석하다

사고 실험

상반되다

생산성

소음

수치

실무 경험

영상미

예습하다

일자리

정화하다

지적

집중도

찬석자

충돌하다

침해

필터링하다

한계점

한편

합리적

항목

어휘 노트

10장

개별

기한

꼽다

노후되다

논의

대다수

동일하다

모색하다

무사히

보완하다

상세히

선호하다

섭취하다

성향

세부

수행되다

식습관

식재료

실시하다

연령대

예상치 못하다

원활하다

익히다

절차

접근성

정리정돈

제공하다

제언

조리법

체계적